第十五届中国廉政研究论坛献礼之作

廉政文化建设探索与实践丛书

主　编

颜晓红

廉政文化建设探索与实践丛书

高庆国　朱玲萍　编著

中国传统廉政文化故事的创造性转换

新时代廉政话语体系的学术阐释

江苏大学出版社
JIANGSU UNIVERSITY PRESS
镇　江

图书在版编目(CIP)数据

中国传统廉政文化故事的创造性转换 ：新时代廉政话语体系的学术阐释 / 高庆国，朱玲萍编著. -- 镇江 ：江苏大学出版社，2022.9
（廉政文化建设探索与实践丛书 / 颜晓红主编）
ISBN 978-7-5684-1855-3

Ⅰ. ①中… Ⅱ. ①高… ②朱… Ⅲ. ①廉政建设—文化研究—中国—古代 Ⅳ. ①D691.49

中国版本图书馆 CIP 数据核字(2022)第 163462 号

中国传统廉政文化故事的创造性转换：新时代廉政话语体系的学术阐释
Zhongguo Chuantong Lianzheng Wenhua Gushi de Chuangzaoxing Zhuanhuan：Xinshidai Lianzheng Huayu Tixi de Xueshu Chanshi

---

编　　著/高庆国　朱玲萍
责任编辑/宋燕敏
出版发行/江苏大学出版社
地　　址/江苏省镇江市京口区学府路 301 号(邮编：212013)
电　　话/0511-84446464(传真)
网　　址/http://press.ujs.edu.cn
排　　版/镇江市江东印刷有限责任公司
印　　刷/江苏凤凰数码印务有限公司
开　　本/718 mm×1 000 mm　1/16
印　　张/13.25
字　　数/233 千字
版　　次/2022 年 9 月第 1 版
印　　次/2022 年 9 月第 1 次印刷
书　　号/ISBN 978-7-5684-1855-3
定　　价/55.00 元

如有印装质量问题请与本社营销部联系(电话:0511-84440882)

前　言

观今宜鉴古，无古不成今。历史沉淀着先人对后人的启示。巍巍中华，泱泱华夏，中华传统文化源远流长，历史资源极其丰富，饱含着华夏先哲们无穷的智慧和业绩，是祖先留给我们的一笔丰厚遗产。纵览我国历朝历代的文明发展，会发现它既是一部波澜壮阔的文明进步史，也是一部历久弥新的廉政文化史。廉政文化是政治文化的一个分支，它以人类进入阶级社会并构建了一定的政治结构为前提，随着公共权力的出现而发展。

水清沙自洁，官贤弊自绝。历朝历代对于中国廉政文化的传承与创新，推动着廉政文化不断发展。中国古代廉政文化作为中华优秀传统文化宝库中的重要文化资源，体现了古代思想家、政治家在廉政问题上的卓越智慧。在上古五帝时期，先民们就有了朦胧的廉政意识，如部落联盟中的首领推举在五帝时期演变成了禅让制，使有德者居于首领之位，此时勤政、节俭、爱民、尚贤等廉政意识随之出现。中国古代廉政文化起源于夏商周奴隶社会，兴盛于春秋诸子百家，一直绵延至晚清。本书以优秀的古代传统廉政文化为根基，选取古代廉政人物的思想、政绩、事迹等将篇幅划分为“先贤明君篇”“清风廉吏篇”“忠义爱国篇”“勤政爱民篇”4 篇，每篇挑选 12 位典型人物，推崇弘扬廉政为本、崇德向善、遵规守纪、修身齐家的廉洁思想，深入挖掘中国古代廉政文化的现代价值，赋予其新的内涵和时代精神，期待能够推动社会主义廉政文化建设，促进廉政建设持续发展。

以史为鉴，可以知兴替。中国古代的传统廉政文化，因其本身受阶级、政治、经济、文化等多因素影响，存在不同的历史局限性，但是都对当时的社会风气、官场风气产生了有效的净化作用，并影响深远，为新时代的廉政教育提供了重要的借鉴。借鉴中国传统廉政文化必须要以新时代中国特色社会主义道路实践与发展为目标，不断激活传统廉政文化的健康因子，让心怀贪腐之心者摒弃恶念，让肆意腐败者受到严厉惩戒，让从众旁观者得到警示，把权力关进制度的笼子里，形成不敢腐的惩戒机制、不能腐的防范机制、不易腐的保障机制。

濯去旧见，以来新意。中华优秀传统文化是中华民族的文化根脉，习近平总书记指出，“研究我国反腐倡廉历史，了解我国古代廉政文化，考察我国历史上反腐倡廉的成败得失，可以给人以深刻启迪，有利于我们运用历史智慧推进反腐倡廉建设”。2022 年，中共中央办公厅印发了《关于加强新时代廉洁文化建设的意见》，文件要求，“要厚植廉洁奉公文化基础，用革命文化淬炼公而忘私、甘于奉献的高尚品格，用社会主义先进文化培育为政清廉、秉公用权的文化土壤，用中华优秀传统文化涵养克己奉公、清廉自守的精神境界”。广大党员干部要带头落实关于加强新时代廉洁文化建设的意见，努力做到严于律己、无私奉献，讲修养、讲道德、讲廉耻，养成共产党人的高风亮节。我们要进一步发展积极健康的党内政治文化，大力推进廉洁文化建设，厚培廉洁奉公的文化土壤、文化基础，坚定反腐倡廉决心，增强反腐肃贪本领，进一步增强文化自信，为新时代廉政工程建设添砖加瓦。

目　录

第二篇章 清风廉吏篇

第三篇章 忠义爱国篇

第四篇章 勤政爱民篇

第一篇章

先贤明君篇

01 “儒墨之宗”尧帝

尧帝是中国上古时期部落联盟首领、“三皇五帝”之一，是帝喾之子、帝挚之弟，黄帝五世之孙。姓伊祁，名放勋，原封于唐（今山西临汾），故称唐尧。帝尧在主政期间，统一了华夏诸族，被推举为部落万国联盟首领。派神箭手大羿射日，派鲧治水，并且制定历法，推广农耕，整饬百官。被司马迁视为“最理想的君主”。汉武帝也称赞尧帝：“千古帝范，万代民师，初肇文明，世人敬赖。”

在先秦时期，以儒家和墨家两个学派最有势力，号称“显学”，两家都以尧舜为号召。从那时起，尧就成为圣王，他既具有伦理道德方面的理想人格，又是治国平天下的君主楷模。孔子说：“大哉尧之为君也！巍巍乎！唯天为大，唯尧则之。”孔子对尧的赞美，随着儒家在中华文化传统中的地位渐趋重要，亦日益深入人心。后来儒家即以“祖述尧舜，宪章文武”为标志；到唐代韩愈以至于宋明理学，大倡“道统”之说，尧遂成为儒家精神上的始祖。

完善政治、制定历法。尧执政初期，还没有基本的国家制度，国家只是部落联合体，非常松散，不利于统一管理，所以尧在积累了一定的施政经验后，开始建立国家政治制度，其中很重要的一条就是按各种政务任命官员，在中国历史上第一次建立较为系统的政治制度，为奴隶制国家的产生奠定了基础。尧当政初期，天文历法还很不完善，百姓们因为不知道四时变化而经常耽误农时。为了掌握气候的变化规律，尧设官分职，命羲仲、羲叔、和仲、和叔（后称四岳）分居东、南、西、北四方，观察天象制定历法，以366日为一年，每三年置一闰月，用闰月调整历法和四季的关系，使每年的农时正确，不出差误。历法的制定使得尧帝的时代成为农耕文化出现飞跃进步的时代。

倾听民意、爱民如子。尧时刻注意倾听百姓的意见。他在简陋的宫门前设了一张“欲谏之鼓”，谁要是对他或国家提什么意见或建议，随时可以击打这面鼓，尧听到鼓声，就立刻接见，认真听取来人的意见。为了方便民众找到朝廷，他让人在交通要道设立“诽谤之木”，即埋上一根木柱，木柱旁有人看守，民众有意见，可以向看守人陈述，如果来人愿意去朝廷，看守人会给予指引。尧心系天下百姓。西汉史学家刘向《说苑·君道》中写道：“尧存心于天下，加志于穷民，痛万姓之罹罪，忧众生之不遂也。有一民饥，则曰此我饥之也；有一人寒，则曰此我寒之也；一民有罪，则曰此我陷之也。仁昭而义立，德博而化广；故不赏而民劝，不罚而民治。先恕而后教，是尧道也。”

修身自省、简朴归真。《韩非子》说：尧做君王后，夏天穿着麻布衣，冬天穿鹿裘，居住的房子，椽子都没有修整，参差不齐，屋上盖的茅草都没有修剪过，平日吃的是粗粮饭、野菜汤，连一个看门人的生活都比这强。《尸子》记载说：都说君王居住于九层瑶台之上，而尧居茅屋；都说君王有九种礼服，而尧只有大布衣裳；都说君王宫中设有早、中、晚三市，繁华异常，而尧居无定所；都说君王吃山珍海味、珍馐百种，而尧只吃糙米饭、野菜粥；都说君王坐乘有麒麟青龙等装饰的龙辇，而尧只有素车黑马。史载，大臣们为了让尧能显示出帝王的气魄，也为了表现人民对帝王的无限敬爱，要为尧建造一座宫殿。并且他们想把它建成以金为地，以玉为阶，以大理石为柱的宫殿。尧却率领大臣亲自动手从山上砍伐来粗糙的原木、割下茅草盖了几间茅屋，算是寝宫。尧又指挥众人盖了二十多间连在一起的大茅屋，算是和大臣议事的大殿。大臣都纷纷提议说："陛下住这样的茅屋与平民百姓无异，怎么能显出您的威风与帝王的派头呢?"尧却回答说："现在黎民很苦，造豪华宫殿劳民伤财，给人间带来苦难的帝王有什么威风！为黎民排忧解难才是帝王应做的事。"

访贤纳能、禅让帝位。史载尧访纳贤臣，尧之功臣九人，或说十一人，可谓人才济济。但他唯恐埋没人才，野有遗贤，因此他还常常深入穷乡僻壤，到山野之间去求贤问道，察访政治得失，选用贤才。尧治理天下万民，使海内政治清明，他曾到汾水北岸的姑射之山去参拜四位有道之名士。这四位名士分别为方回、善卷、披衣、许由。其中善卷重义轻利，不贪富贵，是有名的贤人。尧自觉德行达智不如善卷，认识到对于贤德的人，不能自骄自傲，必须谦恭好礼，于是他以平民对待长者、学生对待老师的礼节去拜访善卷，让其居主位，而尧站在下方，面向北施礼求教。尧帝还开创了帝王禅让之先河，他在位七十年，认为儿子丹朱不成器，决定从民间选用贤良之才。尧问四方诸侯首领："谁能担负起天子的重任?"四方诸侯首领说："有个单身汉，在民间，叫舜。"于是，尧微服私访，来到历山（今山东济南）一带，听说舜在田间耕地，便到了田间。他看见一个青年身材魁伟、体阔神敏，正聚精会神地耕地，犁前驾着一头黑牛、一头黄牛。奇怪的是，这个青年从不用鞭打牛，而是在犁辕上挂一个簸箕，隔一会儿，敲一下簸箕，吆喝一声。尧等舜犁到地头，便问："耕夫都用鞭打牛，你为何只敲簸箕不打牛?"舜见有老人问，拱手以揖答道："牛为人耕田出力流汗很辛苦，再用鞭子抽打，于心何忍！我打簸箕，黑牛以为我在打黄牛，黄牛以为我在打黑牛，就都能卖力拉犁了。"尧一听，觉得这个青年有智慧，又有善心，对牛尚如此，对百姓会更有爱心。尧与舜在田间扯起话题，谈了一些治理天下的问题，舜的谈论明事理，晓大义，非凡人之见。尧又走访了方圆百里，听见人们都夸舜是一个贤良之才，便决定考验一下舜。尧把娥皇、女英两个女儿嫁给舜，让两个女儿观其德；把九个男儿安排在舜周围，让九个男儿观察舜的行为。他把舜放进深山之中，舜头脑清醒，方向明确，深山之中不迷失，虎豹毒蛇都被他驯服，舜很快就走出了深山。尧先让舜在朝中作虞官（掌管山泽的官），试探舜三年，让舜拜了自己的先祖后，便让舜代其行天子之政。

尧帝用"大德"教化民众，促进民族团结，社会和谐稳定，文明发展进步，为后世治国理政创造了宝贵的精神财富。尧的德行对后世的影响有如下几个方面。

一，兼听则明，广泛听取意见。古语有云："若人主听察不博，偏受所信，则谋有所漏，不尽良策"，就是说君主如果不能广泛地听取意见跟明察，只接受身边亲信的言论，那么他所制定出的谋划必定会有疏漏，不够全面。《吕氏春秋·不苟论》中有一段话："尧有欲谏之鼓，舜有诽谤之木，汤有司过之士，武王有戒慎之鞀，犹恐不能自知。"在我国，古往今来，凡是广开言路、从谏如流的时代无一不是文化繁荣、国家强盛的时代，反之则不然。如春秋战国时代，王权衰落，诸侯争霸，为壮大自己的实力，各国开放政权，招贤纳士，广开言路，广纳民智。再如新中国成立后，中国共产党几代领导人都在"广开言路"上身体力行，做出表率。习近平总书记便十分重视在人民中汲取智慧和力量。他在中国共产党建党 100 周年庆祝大会上的重要讲话中指出："江山就是人民、人民就是江山。"只有切实问政于民、问需于民、问计于民，俯下身子到群众中去，才能听到最真的诉求，只有了解了群众的所急、所需、所困，制定出的决策、办法才能有的放矢，才能真正有实效。

二，选贤用能，科学的人才观。为政之要，唯在得人。上古时期，生产力水平还相当低下，而在政治建设方面，尧却创造出了十分先进的"禅让"制度，这使优秀人物参与了最高权力的接力，保证了社会的持续健康发展。尧帝选贤用能并让位给舜的故事，对后世具有积极的借鉴意义。禅让制，是中国古代一种帝位传承制度，它是一种"唯才是举"的选人标准，这种选人机制与人的出身和血统毫无关联，只要德才兼备，便有机会成为帝位的接班人。"尧舜禅让"的故事，是中华历史美德的起点，是一种境界、一种榜样。此外，尧帝还深知人才"长短"的辩证法，在运用人才时善于长短搭配。他设置百官，使各官吏负责专职事务，命令羲和掌管历法，观察天象不误农时；命后稷作农师教民耕种与稼穑之术；命皋陶作法官，倡导"明刑弼教，以化万民"的思想。尺有所短，寸有所长，每个人才都有自己的优缺点，关键在于如何合理地使用。当今世界面临百年未有之大变局，各国之间的综合国力竞争说到底是人才的竞争，谁能培养和吸引更多优秀人才，谁就能在竞争中占据优势。奋进新时代，实现新发展，必须深入实施人才强国战略，充分发挥人才资源的引领和支撑作用，建立良好的选人用人机制，切实做到"寻觅人才求贤若渴，发现人才如获至宝，举荐人才不拘一格，使用人才各尽其能"，真正聚天下英才而用之，让人才活力竞相迸发，让更多的千里马竞相奔腾。

三，修身自律，保持勤俭本色。李商隐《咏史》诗云：“历览前贤国与家，成由勤俭破由奢。”纵观历朝兴衰，兴盛之世离不开一个“俭”字，衰亡之世莫不在一个“奢”字。历史上，无数先贤严于修身、勤于律己，以俭朴清廉为荣，以奢靡浪费为耻，他们的故事直至今日对我们仍有启发与裨益，尧帝便是其中一位。在整个国土管辖范围内，从东到西，从南到北，尧帝对待老百姓就像对待自己的子弟一样，给予他们无微不至的关怀和安抚。他还以身作则，勤俭治国，衣食住行如同常人，所以老百姓都非常敬重他，像对待自己的父母一样。勤俭不仅是必备的修身途径，也是培养克己自律，进而养成其他德性的重要途径。尧帝的修身之学，极重个人自我约束，他在一生中无时无刻不在监督自己的言行，不断警示和检讨自己。从尧帝身上，我们可以看到人内心深处的仁爱，是可以战胜“权利金钱”带来的狭隘黑暗的欲望的。节俭朴素，力戒奢靡，是我们党的传家宝。习近平总书记指出，每一名党员、干部特别是各级领导干部，都要保持艰苦奋斗本色，不丢勤俭节约的传统美德。只有严于律己方能服众，方能成就大志，党员干部的自律克己，不只是对自身行为的约束，更有带动一方风气、改变社会的功效。因此，要想刹住浪费奢靡之风，必须从领导干部抓起，使各级领导干部时刻坚守思想道德防线，把腐朽没落的享乐主义思想挡在坚定的共产主义信仰和坚强的党性原则红线之外。

02 至德泰伯

泰伯，一作太伯，生于殷武丁四十年，姬姓，被后世奉为吴地人文始祖。泰伯“三让天下”，开发江南的功德，数千年来一直为后人所敬仰。

三让天下。泰伯的父亲是周国的首领周太王，生有三子。长子为泰伯，次子为仲雍，少子名季历。泰伯勤奋好学，为人宽厚，孝敬父母，与兄弟相处和睦。三子季历生有一子，取名昌。姬昌相貌奇伟，从小就聪明异常，颇有王者风范，深得周太王宠爱。周太王有意将周家天下传给姬昌，但按氏族传统王位只能由嫡长子继承，周太王左右为难，终日郁郁寡欢。泰伯知道父亲的心事后，为满足父愿，同时为防止兄弟阋墙，国家战乱，人民遭殃，他毅然带着二弟仲雍托词衡山采药而离开了故国。这便是历史上有名的泰伯、仲雍奔吴的开始，也是泰伯“三让天下”之首让。不久，周太王病逝，泰伯和仲雍回去奔丧。季历与众臣要求泰伯留下来继位，泰伯坚决不肯，葬礼结束便离开了，这是“二让”。后来，泰伯为了让季历安心于周国事务，索性和仲雍举族南迁，跋涉数千里到长江以南、太湖之滨的梅里避居，并文身断发，以示不继承君位，此为“三让”。泰伯为天下稳定，不计个人得失而禅让王位，使得周国的王位经季历顺利地传给了有为之君周文王姬昌，从而成就了周王朝800年的伟大基业。

泰伯三让天下，不仅成全了其父亲的意愿，还最终为其三弟和侄子推翻商朝奠定了基础。他以自己崇高的德行，得到了土著居民的拥戴，在江南成立了勾吴国，最终成就了自己的霸业。

开发江南。当时，江南还处于“刀耕火种”的原始状态，农业生产水平与中原地区相比极其落后，人们过着“半生为食，以棚为窝”的生活，文化上更是不值一提。泰伯奔吴，给落后的江南地区带去中原文明的种子。他把中原地区的先进科学文化和农业生产经验传授给荆蛮部落。在传播文化方面，泰伯和当地人一起采用“以石为纸、以炭为笔、以歌为教”的方法，教育孩子们写字、读书、唱歌，他把周族的诗歌和当地原有的蛮歌、土谣相融合，独创了“吴歌”，此后又吸收越、楚、齐等地文化精髓，培育形成了具有水乡特色、兼容并蓄、独放异彩的“勾吴文化”，从而构成了中华文化中极为重要的一脉——吴文化。

据说，泰伯到了江南以后，在农业生产上改“一年一熟”为“一年两熟”，实施稻、麦轮作，提高了粮食产量。在较短时间里，他教会了居民栽桑养蚕，饲养畜禽，江南处处呈现出六畜兴旺的喜人景象。此间，他带领当地居民兴修水利，开挖了中国历史上第一条人工运河——伯渎河。这条全长约22.5公里、宽约22米的河道竣工后，梅村一带农业旱涝保收，连年丰收，水上运输也日渐繁荣。直到今天，伯渎河仍在发挥保障两岸农田灌溉和舟楫往来的双重作用。在饮食起居上，泰伯引导当地人改“半生为食”为全熟为食，改“以棚为窝”为建村立巷，不仅增强了居民的体质，还改善了他们的居住条件，那时建立的江南第一村——荆村，江南第一巷——蛮巷，历经数千年风雨洗礼，如今声名远扬，所有这些都为后来建立吴国开创了根基。因此，泰伯被古往今来众多的史学家公认为黄河流域与长江流域的经济、文化交流的鼻祖。

为了防御强敌入侵，泰伯亲自动员和率领当地老百姓硬是靠肩挑人抬，就地取土，在梅村一带构筑了一座周长为三里二百步（约1530米）、外廓三十余里（约15000米）的土城。也就是后人所称的“吴城”。城内建有住宅，凿有水井，居民生产生活无忧。

《论语》载：“泰伯其可谓至德也矣。三以天下让，民无得而称焉。”司马迁在撰写《史记》时，将吴太伯排列在“世家”的第一位。

泰伯身上的三种精神值得我们一再学习。

一是三让天下的谦让精神。所谓谦让，就是要人们克服自己的欲念，节制自己的行为，调整与他人的关系，以达到和平共处。

3100多年前，泰伯在处理王位交替的时候始终保持着一种至德、谦让的精神。习近平总书记指出：“一个人能否廉洁自律，最大的诱惑是自己，最难战胜的敌人也是自己。”个人主义是廉政最主要的敌人，所以我们要加强个体的道德修养。在“修身、齐家、治国、平天下”的目标中，“修身”是列于首位的，其重要基础就是要保持个体的纯洁性，也就是廉洁。当个人利益与集体利益发生冲突时，我们往往以全局利益及广大人民群众的长远利益为出发点，只有国家利益、集体利益实现了，个人利益才能真正得以实现。人与人的和谐是社会和谐的基础和重要标志。谦让也是社会生活中最基本的为人处世之道。一个拥有谦让之心的人，往往能够正确对待生活中的矛盾和前进中的各种困难，变冲突为祥和，化干戈为玉帛。

二是中原文化与江南文化相存的包容精神。所谓包容，就是在平等对待和充分尊重的前提下，以开放的姿态，积极主动广泛借鉴和吸收，进而不断发展。

新时代党风廉政建设的覆盖面非常广，需要各单位、部门联动合作，才能落实好党风廉政建设责任制。习近平总书记指出：“对我国传统文化，对国外的东西，要坚持古为今用、洋为中用，去粗取精、去伪存真，经过科学的扬弃后使之为我所用。”要立足新发展阶段，贯彻新发展理念，构建新发展格局，弘扬伟大建党精神，永葆自我革命精神，坚持全面从严治党战略方针，坚定不移将党风廉政建设和反腐败斗争进行到底，持续深化不敢腐、不能腐、不想腐一体推进。因此，新形势下，党风廉政建设要对中华传统文化与西方文化中的廉政思想进行批判性地吸收，取其精华、去其糟粕，不断完善健全党风廉政建设的体系，同时，要广泛吸收和采纳来自广大人民群众的意见与建议，充分发挥弘扬正气的积极作用，使廉洁正气深入人心。

三是改革发展江南经济的开拓创新精神。所谓开拓创新，就是根据确定的目标，灵活地、创造性地运用已知的知识与信息做出新颖的、具有开拓性的举措。

创新是引领发展的第一动力。抓创新就是抓发展，谋创新就是谋未来。《中共中央关于党的百年奋斗重大成就和历史经验的决议》将“坚持开拓创新”概括为中国共产党百年奋斗的十条历史经验之一，为全党在新时代进一步自信自强、守正创新提供了科学指引。新时代必须要有敢于开拓创新的政治勇气，要树立敢于开拓创新的思维，坚持一切从实际出发，敢破敢立、敢闯敢试，以开拓创新推进国家治理体系和治理能力现代化。一是坚持理论创新，坚决以习近平新时代中国特色社会主义思想为指导，把马克思主义基本原理同中国具体实际相结合、同中华优秀传统文化相结合，不断推进马克思主义中国化时代化。二是坚持实践创新，养成善于用新的理论指导新的实践，从实际出发，为建设富强民主文明和谐美丽的社会主义现代化强国不懈奋斗。三是坚持制度创新，立足当下，打破制约经济发展、社会进步的制度禁锢，推出符合国情、适应发展的新制度、新方法、新举措。四是坚持文化创新，坚持中国特色社会主义文化自信，坚持“百花齐放、百家争鸣”的方针，发展社会主义先进文化，推动社会主义文化大发展大繁荣。

至德泰伯，以其“谦让、包容、开拓、创新”的精神内核成为中华民族优秀品质的重要内涵。这种精神不仅在人际关系和谐、社会稳定方面起到了积极的作用，而且对当今构建社会主义和谐社会也有重要的启示。

03 道家始祖老子

老子，姓李名耳，字聃，一字伯阳，或曰谥伯阳，春秋末期人，中国古代思想家、哲学家、文学家和史学家，道家学派创始人和主要代表人物，后被道教尊为始祖。

拾金不昧。老聃自幼聪慧，静思好学，常缠着族长要听国家兴衰、战争成败、祭祀占卜、观星测象的故事。他的母亲望子成龙，想请精通殷商礼乐的商容老先生教授儿子。商容通天文地理，博古今礼仪，但收徒有一个原则：要他教授学问的人一定要有善根，否则他是不会收的。因此他要先看看老聃这个孩子有没有善根。有一天，老聃的母亲给老聃钱，让老聃去买东西。商容见他出来了，便在他即将经过的地方放了一块金子，看他怎么处理。老聃走到那里，忽然见地上有什么东西闪闪发光。他上前一看，是一块金子。他想，丢金子的人一定很着急，一定会来寻找。于是他便把金子装在口袋里，向人们喊道："是谁丢了东西呀？我拾到了一样东西！"结果，他喊了很长时间也没人认领。商容一见，走了上去。老聃问："大爷，是你丢了东西吗？"商容说："不是。我什么也没丢，闲来无事，出来玩的。"老聃说："既然闲着没事，帮我做一件事好吗？"商容问："做什么事啊？"老聃说："我拾到一件东西，等失主来找，可一直没等来失主。母亲在家等我买东西回去，你帮我在这里等着，像我一样喊，我买了东西就回来。"商容说："你拾到的是什么东西呀？"老聃怕他冒领了，说："你不是失主，问它干什么？"商容说："好吧，我就替你等失主。"过了不久，老聃买了东西送回家，便来向商容说："谢谢老人家。让我在这里等吧。"商容说："既然是拾的，你拿回家用好了，何必要在这里辛辛苦苦地等呢？"老聃说："做官要清廉，做人要清白。别人的东西丢了，应该想办法还给人家，怎么能自己用呢？等不到失主我就不回去。"商容笑了，高兴地说："孩子，东西是我丢的。是一块金子，对吗？"老聃埋怨道："刚才你怎么不说呢？"商容说："刚才不到说的时候啊！"于是，商容就到老聃家里，答应做老聃的老师。

相濡以沫。一日，孔子对弟子南宫敬叔说："周朝的守藏室史老聃，博古通今，知礼乐之源，明道德之要。现在我想去周朝求教，你愿意和我同去吗？"南宫敬叔欣然同意，随即报请鲁君。鲁君准行，遣一车二马一童一御，由南宫敬叔陪孔子前往。孔子问礼于老聃，又向苌弘请教乐律。孔子考察周室郊社、明堂、庙朝制度，感叹不已，于是称赞道："我现在才知道周公的圣明与周朝称霸天下的原因。"孔子离开周地，老子送别，赠言道："我听说，富贵的人送人钱财，仁义的人赠人言语。我不富不贵，没有钱财来送你，愿意以几句话相赠。当今世上，有一些头脑聪明对事物常有独到见地的人，遭遇生死劫难，那是因为他们常常拿别人的是非来说事；有一些能言善辩、学识渊博的人，常招来杀身之祸，那是因为他们老爱揭别人的短。为人子女，不要自视甚高；为人臣子，不要自我表现得高明。"孔子道："一定谨记在心！"

一日，孔子向老聃宣传仁义之说，老聃回应道："糠屑进入眼睛里面，天地四方便看起来颠倒了；蚊蝇叮咬皮肤，便通宵不得安眠。仁义毒害扰乱人心，再也没有比仁义更大的祸害了。先生您如果想让天下人保持质朴，可以顺应自然而动，一切顺应自然规律行事。何必急着标榜仁义像敲打大鼓寻找逃亡的人呢？天鹅不必天天洗而毛色依然洁白，乌鸦不必天天染而毛色依然乌黑。天鹅的白与乌鸦的黑都是出于本然，不足以分辨谁优谁劣；名声和荣誉等外在的东西，不值得张扬。泉水干涸了，鱼儿们被困在陆地之上，它们相互用湿气嘘吸；与其用口沫来湿润，倒不如在大江大湖里彼此相忘。”

道法自然。老聃看到周王室越来越衰败，就离开故土，准备出函谷关去四处云游。把守函谷关的长官尹喜很敬佩老子，听说他来到函谷关，非常高兴。可是当他知道老子要出关去云游，又觉得很可惜，就想设法留住老子。于是，尹喜就对老子说：“先生想出关也可以，但是得留下一部作品。”老子听后，就在函谷关住了几天。几天后，他交给尹喜一篇五千字左右的著作，据说，这部著作就是后来传世的《道德经》。

老聃以周王朝兴衰成败、百姓安危祸福为鉴，溯其源，著上、下两篇，共五千言，合称《道德经》。上篇起首为“道可道，非常道；名可名，非常名”，故人称《道经》，《道经》言宇宙本根，含天地变化之机，蕴阴阳变幻之妙。下篇起首为“上德不德，是以有德；下德不失德，是以无德”，故人称为《德经》，《德经》言处世之方，含人事进退之术，蕴长生久视之道。

《道德经》的主题思想为“道法自然”。道之规则与常理是法形成的环境与基础，法需要顺应“道”与“德”的运动，效法自然之律，在辩证的反向转化之中发挥其治理作用。哲学上，“道”是天地万物之始之母，阴阳对立与统一是万物的本质体现，物极必反是万物演化的规律。伦理上，老子之道主张纯朴、无私、清静、谦让、贵柔、守弱、淡泊等因循自然的德性。政治上，老子主张对内无为而治，不生事扰民，对外和平共处，反对战争与暴力。

学会控制自己的私欲。执政者要廉洁清正，其本质是要求政府官员控制自身的私欲。老子主张为政者要正确处理自己的私和欲，显现出人最自然的本性。生而为人肯定都会有私欲，这是不可否认的，但是如何能够压抑住自己的私欲，践行“寡欲”呢？老子认为要让自己的心保持虚静的状态，做到知足。人生中的祸患大多来自于不知足、来自于无限的贪和欲。政府官员应当坚守内心，顺应自然，停止过度地追求金钱和欲望，要能够清醒地认识到自己现实所拥有的幸福和财富，做到满足、知足、富足。同时，杜绝执政者滥用公权力导致制度性腐败，禁止骄奢淫逸。老子说：“五色令人目盲，五音令人耳聋，五味令人口爽，驰骋畋猎令人心发狂，难得之货令人行妨。”即如果政府官员一味地追求物质上、精神上的奢靡享受，不仅会祸害自身，还会远离民心。“民之饥，以其上食税之多，是以饥。民之难治，以其上之有为，是以难治。民之轻死，以其求生之厚，是以轻死。夫唯无以生为者，是贤于贵生”，老子认为百姓的生活状况与统治者的奢淫与否直接相关，统治者倘若能够清正廉洁，不过多克扣税赋，百姓定能安居乐业。当代的广大党员干部亦当如此，要能够摆正自己的私欲与百姓的利益之间的关系，把百姓之事放于工作首位，不贪图享乐，兢兢业业，不与民争利，尊重公民权利。

学会自我约束。老子的廉政观提倡“见素抱朴，少私寡欲；俭吝廉洁，知足常乐；以身垂范，以百姓心为心”。在反腐倡廉的现在，其廉政观仍然对治理腐败推进廉政建设有很高的现实借鉴价值。为官之德在于清廉。清廉是一种无形的力量，为政者应当以永远在路上的清醒和定力，恪尽职守、尚俭戒奢。公职人员应当将关注点放在人民生活的福祉提升上，摒弃贪和欲，要合理利用好手中的公权力，而非滥用妄为，滋生腐败。领导干部、党员干部要与腐败行为说不，要有道德廉耻观念，严于律己，身体力行，率先垂范，起到模范带头作用。在大是大非面前要有清醒的头脑，始终以人民为先，要筑牢拒腐防变的防线。要树立正确的权力观、地位观、利益观，牢记为人民服务的宗旨，要牢记自己手中的权力是用来为人民谋利益，而不是为自己或者极少数人谋私利。

养成高尚的道德修养。《道德经》第八章中提到了“上善若水”，就是说像水一样的善就是最上等的善，那么最好的道德修养也就是像水一样的道德修养。自己的道德修养是非常重要的，水的谦虚、大度和从容都是公职人员要学习的，诚信友善、爱岗敬业的准则也是公职人员应该遵循的，加强公职人员道德修养是保证廉政的关键所在。

廉政与贪污腐败是直接相对立的政治现象，是“公”对“私”的约束。“公”是指百姓的意志，而“私”则是指执政者的私欲。领导干部不能以自己的意志去判断是非善恶，不能以自己的私心作为出发点，应当以人民的意志为主决定自己的意志。一个品德高尚的领导干部要始终保持勤政清廉的工作作风，其中最关键的就是要始终以广大人民群众的根本利益为落脚点。习近平总书记指出，“要在为民服务上力行，教育引导广大党员、干部始终把人民放在心中最高位置，当好人民群众的知心人、贴心人、领路人”。人民群众是我们党的力量源泉，人民群众的立场是我们党的根本立场，坚持以人民为中心深刻地回答了推进全面依法治国、建设社会主义现代化强国是为了谁、依靠谁的问题。

04 华夏第一相管仲

管仲（？—前645），姬姓，管氏，名夷吾，字仲，谥敬，颍上（今安徽颍上）人。中国古代著名经济学家、哲学家、政治家、军事家。春秋时期法家代表人物，周穆王的后代。齐桓公四十一年（前645）病逝。他被后人尊称为“管子”，并被誉为“法家先驱”“圣人之师”“华夏文明保护者”“华夏第一相”。他提出“礼义廉耻、国之四维”“四维不张、国乃灭亡”，把“廉”列为国家的四大支柱之一，这在我国的廉政思想史上是第一次。

管仲的著述总集《管子》，从监察目的等多个方面论述了其监察思想。《管子·牧民》：“国有四维，一维绝则倾，二维绝则危，三维绝则覆，四维绝则灭。倾可正也，危可安也，覆可起也，灭不可复错也。何谓四维？一曰礼，二曰义，三曰廉，四曰耻。礼不逾节，义不自进。廉不蔽恶，耻不从枉。故不逾节，则上位安；不自进，则民无巧轴；不蔽恶，则行自全；不从枉，则邪事不生。”

所谓“四维”，是指系在网四角上的绳索，借助四维，网的纲和目才能提起来。意思是说，国家有四维，缺了一维，国家就不稳；缺了两维，国家就危险；缺了三维，国家就会倾覆；缺了四维，国家就会灭亡。管仲认为，有礼，人们就不会超越应守的规矩；有义，就不会妄自尊大；有廉，就不会掩饰过错；有耻，就不会屈从坏人。“不廉则无所不取，不耻则无所不为。”管仲首次把为政之廉提升到关系国家命运的高度，充分体现其对廉政思想的深刻认识。

管仲在齐桓公支持下，于丞相任期内，大兴改革，富国强兵，重视商业。

在人事任用方面，管仲特别强调建立一套严格考核、任命和提拔各级官吏的办法。管仲主张在官吏的任命与管理上，要“以劳受禄”“受禄不过其功”“故明主之治也，明分职而课功劳”“案其功而行赏，案其罪而行罚”。他还强烈地批评以下三种不良现象：“一曰德不当其位，二曰功不当其禄，三曰能不当其官。”他提出的用人原则是：“德义未明于朝者，则不可加于尊位；功力未见于国者，则不可授以重禄；临事不信于民者，则不可使任大官。”即：在任命一切官员时，都必须根据其实际的政绩，特别是要有取信于民的真实政绩，而不是虚假的、表面的政绩。他选贤任能，在一定程度上突破了世卿世禄制，扩大了人才来源，这一制度成为日后科举制度的雏形。

在经济政策方面，管仲把富民放在首位。“凡治国之道，必先富民。民富则易治也，民贫则难治也。”他认为，农、工、商各业必须同时兼顾，“务本饬末则富”。他主张“轻重之术”，要求君主通过对货币的控制，掌握住粮食等重要商品，以影响其他商品的交易，从而进一步搞好经济调控。管仲提出“相地而衰征”，即按照土质好坏、产量高低来确定赋税征收额。他面对当时“竭泽而渔”的经济开发，为了有效利用齐国的林木和渔业资源，便制定了“山泽各致其时”的政策，这是我国历史上最早的自然环境保护法。

在法制方面，管仲提出：“正法直度，罪杀不赦，杀戮必信，民畏而惧。武威既明，令不再行。”即：严格执法，公开执法。“君一置其仪，则百官守其法；上明陈其制，则下皆会其度矣。君之置其仪也不一，则下之倍法而立私理者必多矣。”即：公开、公平、公正，让权力在阳光下运行。公元前685年，齐桓公同意管仲以法治国的法制主义理念，并在齐国实施。此后，“事断于法”便成为法家法治的基本理论。在这一基本理论的指导下，管仲整肃齐国内政，上下齐心，国家实力得到迅速提升，从而实现了称霸中原的目标。

在社会政策方面，管仲特别重视调节贫富差距。他主张：治理国家要“上下有义，贵贱有分，长幼有等，贫富有度”。管仲推行礼法并重，即推行道德教化，也可以称为“德治”，形成了“霸业”和“礼治”相结合的思想体系，即礼、法统一理论。《管子·君臣下》说：“道德定于上，则百姓化于下矣。”治国的根本所在，让百姓能够“修小礼、行小义、饰小廉、谨小耻、禁微邪”，如果国家不防微杜渐，修治礼义廉耻，那么要求百姓做到礼义廉耻是不可能的，并进行了详细的分析，认为“欲民之有廉，则小廉不可不修也。小廉不修于国，而求百姓之行大廉，不可得也”。（《管子·权修》）《管子·重令》提出“行令在乎严罚”，“罚严令行，则百吏皆恐”，并具体规定了“五死”之禁。这些死刑处罚的规定使贪官胆战心寒，警示官吏不可贪赃枉法，维护了政治秩序，促进了廉政建设。

管仲的变法改革，虽然有“重商”的特色，却是在把商业视为最末的基础上。在他的思想体系中，核心还是在于农本及富国，更倾向于经世济民之含义，虽其策术之实用多取于商业，但究其目的是为治民富国平天下。

两千多年前的齐国，在管仲变法改革之下，国富民强，而齐桓公则成了春秋霸主。管仲主张的“礼义廉耻”四维思想不仅对当时的齐国有着重要意义，更为当今我们社会主义现代化建设工作提供了现实的借鉴意义。

描绘全面深化改革的新目标。古有管仲变法、商鞅变法、王安石变法、张居正改革等，他们一步步将新理论、新思想、新观念付诸实践，推动了思想的变革和社会的发展。

2013 年，中国共产党第十八届中央委员会第三次全体会议审议通过了《中共中央关于全面深化改革若干重大问题的决定》，提出“全面深化改革的总目标是完善和发展中国特色社会主义制度，推进国家治理体系和治理能力现代化”，并对经济体制改革、政治体制改革、文化体制改革、社会体制改革、生态文明体制改革和党的建设制度改革进行了全面部署。

全面深化改革必须以促进社会公平正义、增进人民福祉为出发点和落脚点，要以人民为中心，着力提升人民群众的获得感、幸福感、安全感。从人民利益出发谋划改革思路、制定改革举措，使改革发展成果更多更公平地惠及全体人民。

开启全面依法治国的新局面。约 2700 年前，依法治国最早记录在《管子》中。管仲指出，“法者，天下之程式也，万事之仪表也”。“法者不可不恒也，存亡治乱之所以出，圣君所以为天下大仪也”。“有法度之制者，不可巧以诈伪；有权衡之称者，不可欺以轻重；有寻丈之数者，不可差以长短”。他强调依法治国、有法必依、执法必严，第一次提出法律面前人人平等的思想。

2014 年，中国共产党召开了十八届四中全会，大会以依法治国为主题，确立了“建设中国特色社会主义法治体系，建设社会主义法治国家”的目标，对全面依法治国的基本原则、工作布局和重点任务进行了战略部署。2020 年 11 月召开的中央全面依法治国工作会议，最重要的成果就是顺应党心民心和时代要求，确立了习近平法治思想在全面依法治国中的指导地位。

全面依法治国工作要坚持以习近平法治思想为指导，坚持党对全面依法治国的领导，坚持以人民为中心，坚持中国特色社会主义法治道路，坚持依宪治国、依宪执政，坚持推进国家治理体系和治理能力现代化，坚持建设中国特色社会主义法治体系，坚持依法治国、依法执政、依法行政共同推进，坚持全面推进科学立法、严格执法，坚持统筹推进国内法治和涉外法治，坚持建设德才兼备的高素质法治工作队伍，坚持抓住领导干部这个“关键少数”。

保障全面从严治党向纵深推进。2014 年 10 月 8 日，习近平总书记在党的群众路线教育实践活动总结大会讲话中首提“全面推进从严治党”。2014 年 12 月，习近平总书记在江苏调研时强调：“协调推进全面建成小康社会、全面深化改革、全面推进依法治国、全面从严治党，推动改革开放和社会主义现代化建设迈上新台阶”，将全面从严治党作为“四个全面”战略布局的重要组成部分，提升到一个全新的战略高度。

管仲在齐国变法改革中推行的干部任用、民本思想、公平正义、礼法并重德治天下的思想，为我们今天的全面从严治党工作提供了思路。全面从严治党的基础在全面，即面向所有的党员、党组织，不仅要转作风，治贪腐，更要塑造党员坚定的信仰。习近平总书记在党的十九届中央纪委六次全会上指出，“一百年来，党外靠发展人民民主、接受人民监督，内靠全面从严治党、推进自我革命，勇于坚持真理、修正错误，勇于刀刃向内、刮骨疗毒，保证了党长盛不衰、不断发展壮大”。

管仲主张“邪莫如蚤禁之”，即对待可能出现的包括贪腐在内的违法行为，最好的办法是提前用礼法规范人的行为。一是实行礼教以防患于未然，二是公布法令以示禁于事前。这对于在当今社会反腐败工作中用好“四种形态”，持续开展警示教育、主题教育工作，用反面教材树立正能量，坚持抓早抓小，防微杜渐，防贪腐于未然，有着重要的借鉴意义。

“廉”既是思想上对自我的约束，又是在实际工作中对自身的严格要求。党员领导干部要自觉遵守“慎独、慎欲、慎微、慎权”，时刻保持清醒头脑，从思想上固本培元，提高党性觉悟，增强拒腐防变能力。同时，要重视家教家风，以身作则管好配偶、子女，本分做人、干净做事。

“政之所兴，在顺民心；政之所废，在逆民心”，我们要坚持以习近平新时代中国特色社会主义思想为指导，立足国情、与时俱进、开拓创新，牢固树立政治意识、大局意识、核心意识、看齐意识，自觉在思想上政治上行动上同党中央保持高度一致，发扬不断自我净化、自我完善、自我革新、自我提高的精神，以敢于刀刃向内的勇气，以一抓到底的钉钉子精神把管党治党要求落实落细。

05 儒家思想创始人孔子

孔子（前551—前479），名丘，字仲尼，春秋时期鲁国陬邑（今山东曲阜）人，祖籍宋国栗邑（今河南夏邑），中国古代著名的思想家、政治家、教育家，是儒家学派的创始人。孔子开创私人讲学之风，倡导仁义礼智信，有弟子三千，其中贤人七十二。他曾带领部分弟子周游列国十四年，晚年修订六经（《诗》《书》《礼》《乐》《易》《春秋》）。去世后，其弟子及再传弟子把孔子及其弟子的言行语录和思想记录下来，整理编成《论语》。

孔子创立了以仁为核心的道德学说，主张德政。孔子认为“为政以德，譬如北辰，居其所而众星共之”。《论语·为政》记孔子说“道之以政，齐之以刑，民免而无耻。道之以德，齐之以礼，有耻且格”。是说只是用政令来引导人，使用刑罚来整治他们，人们只能暂时免于罪过，但无廉耻之心。如果用道德来引导他们，使用礼仪来整顿他们，人们不但有廉耻之心，而且人心归服。鲁哀公问政于孔子。孔子对曰："政之急者，莫大乎使民富且寿也。"公曰："为之奈何？"孔子曰："省力役，薄赋敛，则民富矣；敦礼教，远罪疾，则民寿矣。"公曰："寡人欲行夫子之言，恐吾国贫矣。"孔子曰："《诗》云：'恺悌君子，民之父母。'未有子富而父母贫者也。"（《孔子家语·贤君》）。这段话是孔子教鲁哀公不要担心自己贫，应当考虑如何富民安民，只有民富了，为政者才不会贫。鲁国执政卿（相当于这个诸侯国的宰相）季康子问孔子怎样才能处理好政事，孔子答道："政，就是正的意思。你做出公正的表率，还有谁敢不公正？"遇到盗窃的事情时有发生，季康子去问孔子怎么办。孔子说："如果你自己不贪财聚货，那么就算是对偷窃的人给予重赏，别人也不会去偷窃的。"季康子说："如果把无道之人杀掉，以成全有道之人，怎么样？"孔子回答说："你要处理政事，何必用杀戮的手段呢？你只要想着行善，老百姓也会跟着行善。君子的德行就像风，小人的德行就像草，风吹在草上，草必然随着风倒下。"

孔子较早地提出了为政者"修己"的思想。他说："修己以安百姓。"（《论语·宪问》）"其身正，不令而行"，"不能正其身，如正人何？"（《论语·子路》）孔子认为，作为为政者的君主，修身至关重要，修己而身正，才能正人、安百姓，君主遵守礼的规定，民众才能敬畏。孔子自身也是一个很善良的人，富有同情心，乐于助人，待人真诚、宽厚。"己所不欲，勿施于人""君子成人之美，不成人之恶""躬自厚而薄责于人"等，都是他的做人准则。"吾十有五而志于学，三十而立，四十而不惑，五十而知天命，六十而耳顺，七十而从心所欲，不逾矩"，这是孔子对自己一生各阶段的总结。

作为中国古代著名思想家、教育家、伦理学家，孔子不仅为千百年来的中华民族树立了精神坐标，他所提出的一系列道德学说与治国理政观念更是对当下中国的社会治理与信仰价值体系的重构有着重要的借鉴意义和深远的影响，为当今廉政文化的发展奠定坚实的思想基础。

德法并治，相得益彰。孔子是"德政"思想创始人，更是创立了以仁为核心的道德学说，他主张君主实行德政，以德服人，以德治民。孔子从"礼""仁"结合的角度出发，并在前人"明德慎罚"的基础上提出了一整套将德治与法治紧密结合的系统化具体化的思想理论体系。作为古代封建社会中的思想启蒙者，孔子的主张反映了在治理国家时必须将德治与法治相结合的统治策略，他从"政者，正也"的立论高度出发，提出了一系列从政、为官的原则和规范，指导后世官员的治理活动，形成了博大精深的儒家廉政思想体系，为当今的廉政文化的发展提供了指导。当前，习近平总书记指出，中国特色社会主义法治道路的一个鲜明特点，“就是坚持依法治国和以德治国相结合，强调法治和德治两手抓、两手都要硬”。孔子的仁政主张与此十分切合，为中国特色社会主义法治道路提供了借鉴。孔子主张的仁政、德治充分启示当今的国家治理要坚持良法善治，将德治与法治相结合，使法律和道德相辅相成、法治和德治相得益彰，真正实现“法安天下，德润人心”。

修身立德，为政以廉。如何实现国家的良好统治是对执政者能力提出的一个挑战，也是一个亘古难题。对此，孔子给出了自己的答案。孔子的为政之道在于“修己”，孔子较早地提出了为政者“修己以安百姓”。他认为作为为政者，只有修己而身正，才能正人、安百姓，赢得民众的敬畏。《论语》中提到“其身正，不令而行；其身不正，虽令不从”。孔子强调为政者自身行为端正的重要性，也将其贯彻为自己的行为准则。孔子一生中，游历各国，广为传道，向各国君主宣扬“仁”与“礼”的为政之道，以构建天下为公的大同社会为至上理想。习近平总书记也借鉴孔子经典“政者，正也。其身正，不令而行；其身不正，虽令不从”，对党员领导干部提出了“修身立德、为官清廉”的要求。党员领导干部应在孔子的传统“修己”思想的指导下，贯彻廉政理念，坚持身先士卒，将为政之德、为政之道、为政之要放在首位，恪守为官本分，公正廉洁，建立威信，充分发挥党员领导干部自身的模范作用。

以民为本，推己及人。“己所不欲，勿施于人”，是孔子大力倡导的为人之道，凝结了孔子为人处世的思想智慧，体现一种推己及人的善良，是中国传统伦理的“道德黄金律”。这要求人们在考虑问题时推己及人，换位思考。自己不想做的事情不应该强加于他人，每一个人都应设身处地站在他人角度思考处理问题。孔子的这一思想中蕴含了平等待人、尊重他人、推己及人、共同发展的道德精神。这不仅对中国古代社会治理与建设起到了十分关键的作用，在当代社会发展过程中也有着很大的影响力。在当今国内社会治理过程中，管理者应注意倾听人民群众的意见和声音，坚持群众路线，制定贴近人民群众生活、符合人民群众利益的政策。“己所不欲，勿施于人”这一思想不仅对国内社会的治理起着重要作用，还有助于国际社会秩序的维护。当前，全球化朝纵深方向发展，世界各国联系也日益紧密。身处这一时代背景之下的我们，更应充分借鉴“己所不欲，勿施于人”思想的精粹，传承并发展这一思想，为世界发展提供更多的中国智慧，发出更多的中国声音。

06 墨家学派创始人墨子

墨子（约前 468—前 376），姓墨，名翟，春秋末期战国初期宋国人（一说鲁阳人，一说滕国人），中国古代思想家、教育家、科学家、军事家，墨家学派创始人和主要代表人物。作为先秦墨家的创始人，墨子在中国哲学发展史上做出了卓越的贡献，曾经提出了“兼爱”“节用”“尚贤”等观点，创立了墨家学说。墨子弟子根据墨子生平事迹的史料，收集其语录，编成了《墨子》一书。

兼爱非攻。墨家学说的核心思想就是“兼爱”。所谓兼爱，包含平等与博爱的意思。墨子要求君臣、父子、兄弟都要在平等的基础上相互友爱，爱别人就像爱自己，并认为社会上出现强执弱、富侮贫、贵傲贱的现象，是因天下人不相爱所致。他反对战争，要求和平。墨子在《非攻》诸篇中，反复申诉非攻之大义，认为战争是凶事。他说，古者万国，绝大多数在攻战中消亡殆尽，只有极少数国家幸存。这就好比医生医了上万人，仅仅有几人痊愈，这个医生不配称之为良医，战争同样不是治病良方。历史上好战而亡的统治者不可胜数。这无异于给那些企图通过攻战来开疆拓土吞并天下的人以当头棒喝。所以墨子主张，以德义服天下，以兼爱来消弭祸乱。在墨子眼里，兼爱可以止攻，可以去乱。有一回，楚国密谋攻打宋国，鲁班为楚国特地设计制造了一种云梯，准备攻城之用。那时墨子正在齐国，得到这个消息，急忙赶到楚国去劝阻，一直走了十天十夜，到了楚国的郢都立刻找到鲁班一同去见楚王。墨子对鲁班说："你既然不愿意杀人，那为何帮助楚国建造云梯，楚国人口不多，还要用不多的人口去攻打宋国，这实在不是一件好事。"鲁班想了想觉得他说得有理，就将墨子引荐给楚王，墨子竭力说服楚王和鲁班别攻打宋国。墨子劝阻楚王伐宋，楚王终于同意了，但是楚王和鲁班都舍不得放弃新造起来的攻城器械，想在实战中试试它的威力。于是墨子解下衣带，围作城墙，用木片作为武器，让鲁班同他分别代表攻守两方进行表演。鲁班多次使用不同方法攻城，多次都被墨子挡住了。鲁班攻城的器械已经使尽，而墨子守城的计策还绰绰有余。鲁班不肯认输，说自己有办法对付墨子，但是不说。墨子说自己知道鲁班要怎样对付自己，但是自己也不说。楚王听不懂。墨子对楚王说鲁班是想杀了我，杀了我就没有人帮宋国守城了。可是他的门徒禽滑厘等三百人早已拿着守城器械守在那里等着楚国去进攻。最终楚王眼看没有把握取胜，便决定不攻打宋国了。

节用节葬。《淮南子·要略》中说："墨子学儒者之业，受孔子之术，以为其礼烦扰而不说，厚葬靡财而贫民，（久）服伤生而害事，故背周道而用夏政。"可知，墨子之所以别立墨学，首先是不满意儒家的繁文缛节，不满意其"厚葬"浪费钱财的做法。墨子生活的战国时期，战乱频仍，诈伪相尚，社会动荡，战争和统治者的奢靡无度使下层百姓遭受了巨大的苦难。统治阶级"虚其府库，以备车马、衣裘、奇怪；苦其役徒，以治宫室观乐；死又厚为棺椁，多为衣裘"。墨子针对当时"饥者不得食""寒者不得衣""劳者不得息"的社会现实，坚持"兴天下之利、除天下之害"，提出"节用"主张，主旨在"去无用之费"。《墨子·节用上》道："圣人为政一国，一国可倍也；大之为政天下，天下可倍也。其倍之，非外取地也，因其国家去其无用之费，足以倍之。"墨子认为，要使国家不穷，关键在于节省开支。节省了开支，国家、天下就能得到加倍的好处。当然，节用不等于不用，而是确有益于实用的才做："圣王为政，其发令兴事、使民用财也，无不加用而为者。是故用财不费，民德不劳，其兴利多矣。”也就是说，应当十分珍惜人力物力，使“用财不费，民德不劳”。

尚贤任能。《墨子·尚贤上》道：“尚贤者，政之本也。”意思是说，崇尚贤能、推崇贤才、任用贤才是治国理政的根本所在。墨子批判了孔子“亲亲有术”“尊贤有等”的思想，提出了“举义不避贵贱”“举义不避亲疏”“举义不避远近”“官无常贵，民无终贱，有能则举之，无能则下之”等观点。墨子说：现在王公大人治理国家，都希望国家富强，人民众多，行政治理，然而结果却是国家不得富强而得贫困，人口不得众多而得减少，刑政不得治理而得混乱，完全失去所希望的，而得到所厌恶的，这是什么原因呢？这是因为王公大人治理国家不能做到尊贤使能。在一个国家中，如果贤良之士多，那么国家的治绩就大；如果贤良之士少，那么国家的治绩就小。所以王公大人的急务，将是如何使贤人增多。

以墨子为代表的墨家学派为后世提供了众多治世之道，深深影响着许多朝代的执政者，直到当代仍具有重要的借鉴意义。

“兼爱”的处世之道。墨子生活在一个社会大变革的时代，正值中国古代社会由奴隶制向封建制转型，立足于当时混乱的现实，墨子提出了其思想的核心，即“兼爱非攻”思想。兼爱就是“兼相爱，交相利”，就是要不分亲疏地去爱所有人而达到互爱互助。非攻就是反对一切非正义的战争。进入21世纪，贫困和疾病依旧困扰着人类，战争和杀戮也从未停止，人们不仅要与贫困和疾病进行无休止的斗争，还要面对战争与和平的艰难选择。“兼爱非攻”的思想对正确处理人与人之间的关系和国与国之间的关系有着重要的意义，它的价值在今天依然闪耀着光芒。兼爱是人际交往的基本原则，有利于和谐社会的构建。在当今社会，随着社会的发展，人类在享受丰富物质的同时也正在经历着前所未有的人际危机。若真能如墨子所说，“视人之身若视其身”，人人关心爱护他人，交往时相互尊重，爱人如爱己，那么也就不会有诸如“小悦悦事件”、老人跌倒不去搀扶等悲剧的发生。作为兼爱思想延伸的非攻思想，反对不义战争，倡导国与国之间的平等友好与互不侵犯。当今时代的主题是和平与发展，世界格局呈现多极化趋势，国与国之间良好关系的建立对和谐世界的建设具有重要的影响和作用。运用非攻思想，采取对话等和平的手段来解决纠纷，而不是仅仅诉诸武力来解决，一方面可以维护世界和平，另一方面也可以促进国家间的合作，从而促进世界的发展。

“节用”的为世之道。墨子出身于社会底层，从小生活艰辛，他目睹了战争给下层民众带来的惨重灾难，对当时王公贵族奢侈的生活方式感到无比悲愤。他秉持着“兴天下之利，除天下之害”的原则，提出了“节用”主张。墨子认为，一切的财物资源要最大限度地做到物尽其用。能否做到节用，是关系到一个国家生死存亡的关键所在。长久以来，勤俭节约都是衡量一国能否成功立业、守业、成大业的重要标志。李商隐《咏史》诗有言，“历览前贤国与家，成由勤俭破由奢”。回顾历史可以发现，古代因奢靡导致国破家亡的例子有很多，比如商纣王因为穷奢极欲，最终断送了商汤的江山；秦始皇因为挥霍无度，最终导致国家衰亡；隋炀帝极尽奢靡，最终国破人亡。他们的故事无不告诉我们，勤俭治国有助于一个国家的长治久安。而在国际竞争异常激烈的今天，也只有保持勤俭节约，才能使国家永葆生命力。当前，伴随着社会生产力的发展，人们的消费观已不是墨子所倡导的“节用”思想。消费主义的兴起使得一部分人开始崇尚所谓的精致生活或高端生活，许多人因虚荣心作祟，在消费上与他人攀比，追求昂贵奢华的名牌。墨子劝诫人们要用财有度，使用财物要取得相应的价值，不然就不值得做。因此在当下，我们应当崇尚节俭，警惕和抵制消费主义的陷阱，努力做到量入为出、适度消费。

“尚贤”的治世之道。墨子不仅有着丰富的哲学思想，而且有着比较全面的人才思想，其中，“尚贤”是其人才思想的核心内容，体现了他对人才的珍视与渴求。国无人才无以立国，国无强才无以强国。人才关乎国家的盛衰存亡、政权牢固、事业兴旺，是社会全面进步的决定因素。把人才作为最宝贵的财富，把人才资源作为最重要的资源，始终是我们党做好人才工作的指导思想。习近平总书记指出，用一贤人则群贤毕至，见贤思齐就蔚然成风。何为“贤者”？墨子认为贤者不仅要德才兼备，而且要承担治理国家、匡正刑法的责任。在墨子心中，贤者必须具备“厚乎德行”“辩乎言谈”“博乎道术”这三个道德标准。从古至今，“德才兼备、以德为先”始终是对人才的基本要求，也是检验人才的一块试金石。习近平总书记指出，德是首要、是方向，一个人只有明大德、守公德、严私德，其才方能用得其所。作为领导者，要将时代任务与社会需求结合起来，善用德才兼备之人。墨子的“任能”之德体现在他主张有能力的人就要得到提拔，没有能力的人就要予以罢免，让才德高尚、能力强大的人去治理大事情，而才德与能力欠佳的人去处理小事情。在墨子看来，这种“尚贤”“任能”之道如果能被普遍长久地运用定会使人民终身受益。因此，领导者应当打破用人的陈规旧例，要突破地位限制，弃短取长，不苟求全才，把握好用人规律，只有用对了人、用好了人，国家事业才能取得长足稳定的发展与进步。

07 法家思想集大成者韩非

韩非（约前280—前233），又称韩非子，战国末期韩国新郑（今属河南）人。他是中国古代著名的散文家、哲学家、思想家和政论家，是法家思想的代表人物。

自青年时起，韩非便拜入著名思想家荀子门下学习。与此同时他也广泛涉猎其他学派的思想。青年时的教育为韩非日后成为法家集大成者奠定了扎实的基础。身为韩国公子，韩非在见证韩国日渐式微的过程中，屡次向韩王上书请求以严法治国，唯才是举，加强对官员队伍从政的改革、整治与完善。但他所提的这些建议均未被韩王所采纳。于是韩非愤而著书。韩非一生所著文章篇目极多，有《说难》《孤愤》《喻老》《内外储》等流传于世。这些作品集中阐释了韩非此生所极力推崇的以法治国的宏伟政治理想，尤其是廉政思想。随着这些文章在各国之间广为流传，越来越多的人因为阅读过韩非的作品而惊叹于他的卓越才华。其中，也自然不乏有一些别有用心之人。根据《史记》中《本传》《韩世家》《六国年表》《秦始皇本纪》记载，为使韩非能够为己所用，秦王政不惜举兵攻入韩国。无奈之下韩王安只得派遣韩非出使秦国，而韩非也最终客死于秦。

融会贯通。纵观韩非子一生，其所持的政治主张大多是在前期法家流派所提出的思想观念之上所产生的进一步的论述总结。韩非子将商鞅的“法”、申不害的“术”、慎到的“势”结合起来，又在一定程度上吸收融入了儒家和其他学派的思想，著成了《韩非子》一书。在此书中，韩非子提出了一整套以“法”“术”“势”为核心的政治理论体系。“法”，即一整套用来规范君、臣、民行为方式，维护统治者权威，稳定社会秩序的规章制度；“术”，即统治者用来任能禁奸的治吏手段；“势”，即要求统治者需掌握法令的权势。韩非第一次明确提出了“法不阿贵”的思想，主张“刑过不避大臣，赏善不遗匹夫”。这是对中国法治思想的重大贡献，对于清除贵族特权、维护法律尊严，产生了积极的影响。儒家讲究“礼不下庶人，刑不上大夫”，而以韩非为代表的法家则把它发展成法律面前人人平等。法律即使是对高贵的人、有权势的人也不徇情。韩非主张以法为教，意思就是除了制定法律以外，还必须要宣传法律，普及法律知识，让广大人民群众遵守法律、运用法律，使整个社会形成“知法、懂法、守法”的良好风气。以法为教是秦代施行政策，加强思想法制，巩固中央集权的标志之一。

善于用典。韩非子善于利用典故，通过寓言故事将深奥的道理变得浅显易懂。在《韩非子·喻老》中，韩非就讲述了一个箕子见箸而忧的故事。箕子是商纣王时期的官员。有一天在吃饭的时候，箕子突然发现，商纣王使用的筷子由原来朴素的筷子变成珍贵的象牙筷子了，他的内心便因此开始感到惊慌并为国家的前途而忧虑起来。有人笑话箕子，觉得他小题大做，可是箕子却说，使用了象牙筷子，就一定不满足再用土陶餐具；换了珍贵餐具，也一定不会再满足于普通的菜肴；等食用的东西都奢华起来之后，便会嫌弃土布衣裳和简陋的住所，这样发展下去，怎能不让人惊慌和忧愁呢？事情的发展，也印证了箕子的担心和忧虑。商纣王后来变得愈发骄奢淫逸，最终导致了商朝走向灭亡。韩非子因此有言如是：“千里之堤溃于蚁穴。”在《韩非子·外储说右下》中，韩非叙述了“公仪休嗜鱼”的故事。公仪休是鲁国的宰相，他平生最大的爱好就是吃鱼。因此，为了讨好他，“一国尽争买鱼而献之”。公仪休却拒收。他的弟弟问他为什么，公仪休说：“我就是因为喜欢吃鱼，所以才不接受别人送来的鱼。如果我不能克制自己的欲望接受了别人的馈赠，就会自然地欠下别人的人情，就会不得不在某些事情上有所偏颇，进而徇私枉法。而一旦有了这种行为，则很可能连宰相的职位都会失去。到那时，如果我再想吃鱼，不仅不会有人给我送鱼吃，连我自己去买鱼吃估计都办不到了。”韩非子通过这个故事告诫人们贪腐的得不偿失。身居高位者倘若不会控制自己的欲望，就会被欲望一步步反噬，最后会失去一切。

作为法家思想的集大成者，韩非综合总结前期法家先行者们在探索过程中所得的成就，创立了一整套以法为本，将“法”“势”“术”相结合的政治治理模式，并最终确立了法家思想体系。他的这一思想体系既为中国历史上第一个专制主义中央集权国家的诞生提供了必要的理论支持，也对后世的社会治理与建设有着深远影响。借鉴吸收韩非子法治思想中的合理成分并进行合理转化与创新，对于当今新时代下社会主义法治国家的建设具有十分重要的意义。

平等的思想。“法不阿贵，绳不挠曲，刑过不避大臣，赏善不遗匹夫。”韩非在《韩非子·有度》一书中有言如是。从他的这段论述中，我们可以清楚了解到法家学派对于法律的权威性及法律平等适用观念的深刻认识。在严格分明的法律面前，人们没有等级高低贵贱之分，法律不会偏袒掠夺任何人。广大臣民，无论其社会地位的高低，一律受到法律约束。韩非的“法不阿贵”的思想对于当时正处于大动荡、大变革、大发展的春秋战国时代而言具有重要意义。一方面，它有利于君主打击削弱奴隶主贵族政治与既得利益集团的势力范围，巩固加强君主集权；另一方面，这种思想也顺应了新兴地主阶级登上历史舞台的社会潮流，迎合了他们要求进行社会变革、主张平等社会地位的强烈需求，并为他们后期的政治变革提供了坚实的理论依据。这种思想加强了权力的高度集中，维护了国家统一，强有力地推进了历史的发展进程，在中国思想史上具有划时代的意义。虽然这种思想产生于君主专制的政体背景下，受到社会文化及人们既有认知水平的禁锢，具有一定的时代局限性和阶级局限性。但是这并不妨碍我们吸收“人人平等”的先人智慧结晶。处于新时代中的我们应当学习其中的先进之处，取其精华，古为今用。随着时代的发展和社会的进步，当下“法律面前人人平等”这项核心要旨已经被国家以宪法形式确立为我国法律体系的基本原则之一。然而，在法律的实际执行过程中，不平等的现象在个别领域仍旧存在。造成此类现象的原因众多。当事人的社会地位、经济实力、政治背景等都会成为平等原则贯彻落实不到位的重要诱因。这种不平等现象极大地阻碍了我国在社会主义法治建设过程中反腐廉政的推进，也严重地破坏了我国良好的政治生态文明。在此情况下，重新学习领悟韩非子“法不阿贵”的思想就有着新的时代意义和实践价值。无论官职大小，无论权力轻重，只要违反法律，审判时就应按照“刑过不避大臣”的准则，法律面前一视同仁，严格按照法律进行定罪量刑。只有如此，我国才能在建设新时代规范化法治体系的道路上行稳致远，长治久安。

细节的力量。无论是箕子见箸而忧的历史故事，还是公仪休拒收鲤鱼的廉政佳话，抑或是“千里之堤毁于蚁穴”的醒世名言，在韩非眼里，这些故事都有着相同的内核。韩非用这些故事集中阐释了这样一个道理——无论身处何时何地，都不要忽视微小客体的作用。量变是质变的必要准备，质变是量变的必然结果，当微小的客体汇聚起来之时，必然会引起质的变化。古代的先贤也显然早已深谙此哲理。因此，箕子见到君主使用象牙筷子会感到忧虑，公仪休即使见到如一条鲤鱼般微不足道的礼物也坚决不肯收下。这些身居高位者所具有的优秀品质为后世清官廉政树立了榜样，成为历朝历代君臣敬仰学习的典范。注重细节不仅对于我国古代封建王朝的治理有着重要作用，对于今天的社会治理与建设也同样有着重要启示。在当代社会，对于每位管理者而言，于日常管理实践中要具备发现矛盾、快速拿出应对方案并及时化解矛盾的基本能力，绝对不可以因为问题小就置之不顾，让原本很小的问题如雪球般越滚越大，最终一发不可收拾，造成难以挽回的严重后果。同时，对于广大党员领导干部而言，更应具备居安思危、见微知著的能力。广大党员领导干部作为社会群体中的关键少数，其价值和力量不仅体现在创造性地提炼出社会主义核心价值观，更重要的是要通过与之相适应的言行来引领人民群众践行社会主义核心价值观，从而形成建设中国特色社会主义、实现中华民族伟大复兴中国梦的磅礴力量。领导干部不仅是社会主义核心价值观的创立者、传播者，更是行为表率者。其一言一行均会对人民群众带来重大的影响。习近平总书记曾强调：“榜样的力量是无穷的，广大党员、干部必须带头学习和弘扬社会主义核心价值观，用自己的模范行为和高尚人格感召群众、带动群众。”因此，伴随着中国特色社会主义进入新时代，在社会的廉政建设过程中，应尤其强调作为“关键少数”党员干部的先锋模范带头作用，积极践行社会主义核心价值观，履职尽责，为更好实施全面依法治国方略打下坚实基础。

08 第一位皇帝秦始皇

秦始皇嬴政（前259—前210），出生于赵国都城邯郸。秦庄襄王之子，十三岁即王位，三十九岁称皇帝，在位三十七年。中国历史上著名的政治家、战略家、改革家，首位完成华夏大一统的铁腕政治人物，曾采用三皇之“皇”、五帝之“帝”构成“皇帝”的称号，是中国第一个称皇帝的君主。秦始皇奠定中国两千余年政治制度基本格局，被明代思想家李贽誉为“千古一帝”。

统一中国。秦王政继位时，秦国已吞并了巴、蜀、汉中，西南越过宛城到达郢都，设置了南郡；北面收上郡以东，有河东、太原、上党郡；东至荥阳。并且吞灭了二周，在其故地设置三川郡。秦王政掌权后，任用尉缭和李斯等人，积极推行统一战略。从公元前230年攻打韩国到前221年灭齐国结束，共计十年的时间，秦国先后按顺序消灭韩、赵、魏、楚、燕、齐六国，结束了中国自春秋以来长达500多年的诸侯割据纷争的局面，建立了中国历史上第一个君主中央集权国家——秦朝。

秦始皇在中央创建皇帝制度，建立了中央集权制度和政权机构，在中央实行三公九卿，中央设丞相、太尉、御史大夫。丞相、太尉、御史大夫以下，是分掌具体政务的诸卿。地方上废除分封制，代以郡县制，地方行政机构分郡、县两级。县以下设乡，乡下设里，是最基层的行政单位。此外还有掌管治安、盗贼的专门机构，叫作亭，亭设亭长。对外，他北击匈奴，解除了匈奴之患，使今河套内外，大河南北的广大地区，在相当长的时间内摆脱了兵祸的灾难。同时在原来秦、赵、燕的北边长城基础上，建成长达5000里的长城；南征百越，带来了北方中原农耕技术与先进文化，使岭南地区迅速从刀耕火种时代平稳进入农耕文明时代；开拓西南，使得西南少数民族地区成了统一的多民族国家一部分。他还修筑灵渠，沟通长江水系的湘江和珠江水系的漓江。同时他下令书同文，车同轨，统一度量衡、统一货币等，为整个国家经济的法度提供了更多的便利。

胸襟宽广。秦始皇的能力、胸襟等都是有过人之处的。在处死嫪毐后，他将母亲赵姬迁至萯阳宫居住，并下令说："谁敢进谏太后的事，就把谁杀掉，犁开他脊背，切断他的四肢，放在阙下！"因进谏而死的已有二十七人。齐人茅焦请求见嬴政，嬴政派侍者问："你是不是进谏太后事的？"茅焦回答："是。"侍者回去禀告嬴政。嬴政说："去告诉他，他没看见阙下堆的死人吗？"侍者告诉茅焦，茅焦说："我听说，天上有二十八宿，现在死的已有二十七人，我来就是为了凑够这个数。我不是怕死的人，去禀告吧！"侍者又将此言禀知嬴政，嬴政大怒说："这家伙故意来违抗我的禁令，快烧开水煮他，他有何资格堆尸在宫阙之下！"使者召茅焦进宫。茅焦对嬴政说："陛下将假父车裂，这是嫉妒；把两个弟弟装入袋中打死，这是不慈；把母亲迁走，这是不孝；用酷刑杀死谏士，夏桀、商纣王的行为也不至于暴虐到这个地步。天下的人要是听到这些暴行，人心将会涣散瓦解，再没有人向往秦国了。我私下为陛下担忧。我的话已说完，请将我处死。"于是茅焦自己解衣伏在铡刀座上。嬴政下殿，一手扶起他，一手挥开左右说："赦免他，先生穿好衣服，我愿听从你的劝告。"他马上封立茅焦为仲父，官爵为上卿，并将太后迎回。

当时，秦始皇的辅臣无论在数量上还是作为上，都不输于此后历代开国之君，更为重要的是，他们一直备受礼遇。如，秦始皇对李斯信任有加，君臣结为多重亲家，李斯“诸男皆尚秦公主，女悉嫁秦诸公子”。而且这一亲密关系直到秦始皇去世也没有发生变故。对蒙氏家族亦然，蒙恬死时曰：“自吾先人及至子孙，积功信于秦三世矣。今臣将兵三十余万，身虽囚系，其势足以倍畔，然自知必死而守义者，不敢辱先人之教，以不忘先主也。”

以法治国。1975 年出土于湖北省云梦秦墓的《睡虎地秦简》，包含大量公元前 221 年秦统一中国前后的法律文献，是由秦国基层官吏“喜”在日常工作中抄录的。喜曾在秦始皇时期担任过安陆御史、安陆令史、鄢令史等与司法有关的职务，随葬古籍主要是法律文书及郡守文告、日书、编年记等。《为吏之道》便是其中重要的出土文献之一。它被认为是秦朝官吏的公务员守则，而其中提出的“五善”“五失”（“五善”即“一曰中（忠）信敬上；二曰精（清）廉毋谤；三曰举事审当；四曰喜为善行；五曰龚（恭）敬多让”；“五失”即“一曰夸以迤；二曰贵以大（泰）；三曰擅裚（制）割；四曰犯上弗智（知）害；五曰贱士而贵货贝”）是官方发布的官吏必须遵守的道德规范与办事原则，对吏的品行、才干和政治态度都提出了要求。

秦始皇统一了六国，结束了春秋战国以来诸侯长期混战的局面，打破了落后沉闷的邦国时代，开启了华夏雄居东方的封建时代，建立了中国历史上第一个统一的多民族国家，开创了中华民族国家统一的新纪元。从他的在位历程中，我们看到了身为领导干部必须具备的精神价值。

形成大一统思想。秦始皇建立了中国历史上第一个统一的封建王朝，第一次实践了大统一思想。在政治上、经济上、文化上，都建立起了一套旨在实现大一统的制度，为后来历代王朝的大一统事业提供了观念上和制度上的范本。

在大一统思想的指导下，“中华民族”这个概念被提出。习近平总书记指出，“我们坚持准确把握我国统一的多民族国家的基本国情，把维护国家统一和民族团结作为各民族最高利益”。一是坚持党的领导。实践证明，只有中国共产党才能实现中华民族的大团结，只有中国特色社会主义才能凝聚各民族、发展各民族、繁荣各民族。二是强化文化认同。文化是一个民族的魂魄，文化认同是民族团结的根脉。各民族在文化上要相互尊重、相互欣赏，相互学习、相互借鉴。三是促进交流交融。要准确把握民族之间的共同性与差异性，铸牢中华民族共同体意识，加强人口、经济、文化等方面的双向流动，共同推动中华民族的繁荣发展。

勇于担当作为。“功崇惟志，业广惟勤。”勤奋治业是秦国灭六国、一统天下的重要因素。秦穆公时期，秦国招贤纳士、开疆拓土，发展农业，君臣上下励精图治，夙夜匪解，秦穆公遂成为春秋五霸之一，打下了秦国崛起的根基。后来，秦孝公重用商鞅变法图强，奠定了统一中国的基础。《过秦论》：“自穆公以来，至于秦王，二十余君，常为诸侯雄。”秦始皇统一中国后，勤勉理政，“天下之事无小大皆决于上，上至以衡石量书，日夜有呈，不中呈不得休息”。所谓“朝夕不懈”“莫敢怠荒”。秦国官吏历来有勤政之风，荀子就曾称赞秦官吏的勤政传统，“及（秦）都邑官府，其百吏肃然，莫不恭俭敦敬，忠信而不楛，古之吏也”。

“一代人有一代人的使命，一代人有一代人的担当。”“党把干部放在各个岗位上是要大家担当干事，而不是做官享福。”习近平总书记在 2021 年秋季学期中央党校（国家行政学院）中青年干部培训班开班式上强调，年轻干部要勇于担当、善于作为。“为政之要，重在履事，贵在成事。”只有把勇于担当作为视为事业所需、使命所系、职责所在，在其位谋其政，任其职尽其责，不断砥砺新本领、实现新作为、展现新气象，才能在新起点上把党的事业不断推向前进。

强化法治思维。秦始皇在秦国推行一以贯之的做法，以法家理论为指导思想，在社会政治生活中强调“以法为师，以吏为教”，“事皆决于法”，基层官吏“喜”以秦简《为吏之道》为工作指南，充分体现出法律不仅作为一套判定是非的规范，同时也是社会价值的标准。秦朝法治思想是秦国从弱小走向强大，统一全国的重要前提。这些法治思想中仍含有很多优秀的精华，对今天建设社会主义法治国家来说有着极大的启示意义。

公民只有知法，才能守法。为此，国家自 1986 年起开始五年为一个周期的普法规划。全民普法是全面依法治国的长期基础性工作。我们要重点围绕以宪法为核心的中国特色社会主义法律体系深入开展学习宣传活动，突出学习宣传习近平法治思想、突出宣传宪法、突出宣传民法典、深入宣传与推动高质量发展密切相关的法律法规、深入宣传与社会治理现代化密切相关的法律法规、深入宣传党内法规，推进法治文化阵地建设，繁荣发展社会主义法治文艺，推动中华优秀传统法律文化创造性转化、创新性发展，加强红色法治文化保护、宣传、传承，加强法治文化国际传播和国际交流。新时代全民普法要进一步提质增效，力求提升普法的实效性，在持续提升公民法治素养上下足功夫，真正实现公民法治素养整体质的提升。

09 大汉天子汉武帝

汉武帝刘彻（前 156—前 87），西汉第七位皇帝（前 140—前 87 年在位），杰出的政治家、战略家、文学家。

辉煌政绩。刘彻初封胶东王，七岁被立为皇太子，十六岁继承皇位，在位五十四年，功业甚多：对内，为加强中央集权，颁行推恩令，又制定左官律和附益法，严格禁止诸侯王参与政事；不拘一格录用人才，提拔有才能的士人为侍从，以备顾问；裁抑丞相职权，依靠亲信和近臣参与决策，从而形成内朝（中朝）和外朝的政治体制；设十三州刺史部，加强对郡国的控制；为解决财政困难，改革币制，禁止郡国铸钱，又实行盐铁官营、均输平准等制度；颁布算缗、告缗令，向商人征收重税；建立正规的察举制度，令郡国举孝廉及秀才、贤良方正等；实行尊崇儒术的文化政策，设五经博士，在京师长安兴建太学，又令郡国皆立学官。对外，派卫青、霍去病多次出击匈奴，迫其远徙漠北；命张骞出使西域，沟通汉与西域各族联系；又征服闽越、东瓯、南越、卫氏朝鲜，经营西南夷，并在其地设置郡县。

任人唯贤。汉武帝继位后，为了完善人才选拔制度，正式推行察举制。元光元年（前134），汉武帝下令“郡国举孝廉各一人”。不久，董仲舒又建议“使诸列侯、郡守、二千石各择其吏民之贤者，岁贡各二人”。汉武帝听从其建议，下诏让郡国举孝廉、茂材。诏令的主要内容是：地方的郡守、封国每年向朝廷举荐一次人才，每次举荐两人；举荐的人才主要有两项标准，一是有孝廉的事迹闻于乡里，二是有才能。不过政令下达后，地方不是很重视，有的郡国多年也没有实行。针对于此，汉武帝在元朔元年（前128）重新颁布察举诏令，并规定“不举孝、不奉诏，当以不敬论；不察廉，不胜任也，当免”。

全面监督。汉武帝通过设立监察机关、配备相应的监察官员对行政人员进行监管和控制，配备常设监察官和非常设监察官，对日常事务和突发重大事务实行全面监察。一方面，设置御史大夫、丞相司直、十三部刺史的常设监察官。御史大夫的主要职权是典正法度，即监察百官。丞相司直所属丞相，辅助丞相的同时也兼任监察百官的任务，监察范围十分广泛，算得上无所不监、无所不察。十三部刺史的职责是监察郡国，防止官员滥用职权、以权谋私；其次监察豪强大族，避免出现倚强凌弱的现象。另一方面，汉武帝还设置绣衣直指和诸吏的非常设监察官督查突发事件和重大事件，设置非常设监察官也能够在一定程度上对腐败进行监察。

自我反思。征和二年（前91），有人举报丞相公孙贺的儿子公孙敬声与阳石公主私通，又派人用巫术诅咒汉武帝，并且在汉武帝经常经过的甘泉宫驰道埋偶人，诅咒之言十分恶毒。于是，公孙贺父子死于狱中，整个公孙家族都被处死。数月之后，阳石公主和诸邑公主都因为巫蛊罪而被处死。汉武帝命宠臣江充为使者治巫蛊。江充与太子刘据有隙，遂与案道侯韩说、宦官苏文等人诬陷太子，太子起兵抵抗，与同为皇族的丞相刘屈氂激战五日。最终，太子势孤力弱而兵败，唯有逃离长安。做了三十多年太平皇后的卫子夫也不得善终，被收回皇后玺绶。无奈之下，卫子夫只得自杀。后来，太子也被逼自杀。太子的妻子、儿女也全部遇害，只留下一位孙子刘询，也就是后来的汉宣帝。史称“巫蛊之祸”。后来，田千秋等人上书讼太子冤。汉武帝得知太子的冤屈，乃族灭江充家，焚苏文于横桥上，追捕太子的官吏被族灭。征和三年（前90），刘屈氂因与李广利密谋拥立李广利外甥昌邑哀王被杀，其家人亦被杀，加上被太子杀死的韩说，此时巫蛊之祸中的主要人物皆已亡故。汉武帝后来修建“思子宫”，于太子被害处作“归来望思之台”，以志哀思。

汉武帝晚年深感自己的某些政策失误给民众带来严重恶果，他在轮台颁下了著名的《轮台罪己诏》，首开帝王“罪己诏”的先河，也造就了后期的昭宣中兴。

汉武帝在位的半个多世纪中，华夏大地正处在充满生机的改革与发展时代。在这样一个时代，汉武帝通过他一生的活动对中国历史做出了重大贡献。尊儒术，继承、发展中国传统文化；破匈奴，通西域，奠定了现代中国辽阔疆域的初步基础；兴改革，在经济体制与政治体制方面的变革对后世影响深远。

首先，是强调思想引领的重要性。当时，一方面，汉武帝在治国思想上主张罢黜百家、独尊儒术，确立了儒学的独尊地位。通过对儒家仁义廉洁思想的大力宣传，汉武帝将儒家思想观念灌输到官员头脑中并不断强化，使官员在思想上萌生自律的意识，在行动上自觉抵制腐败。另一方面，汉武帝鼓励采用物质奖励和精神奖励的方式表彰为官清廉者，他希望通过嘉奖廉洁官员，为官员树立榜样，诱使其他官员在行政过程中保持清正廉洁的作风，利用榜样的力量，在官场中树立廉政之风。

习近平总书记指出，“历史发展、文明繁盛、人类进步，从来离不开思想引领”。新时代孕育新思想，新思想引领新青年。我们要用习近平新时代中国特色社会主义思想武装头脑：一是要提高政治站位，实现中华民族伟大复兴的中国梦，关键在于培养中国特色社会主义事业的建设者和接班人。二是要增强马克思主义理论的吸引力、感染力和生命力，深入推进习近平新时代中国特色社会主义思想进教材、进课堂、进头脑。三是要增强思想政治教育工作的时代感和亲和力，教育引导广大青年学生增强“四个意识”，坚定“四个自信”，做到“两个维护”，促进青年学生全面发展和健康成长。

其次，是强调制度建设的重要性。汉武帝通过选官制度来扎牢反腐败“笼子”的入口，从准入上加强控制，防止外部“毒瘤”进入，杜绝贪官污吏进入官场。同时他通过监察制度来密闭这个“笼子”，防止内部发生病变，严格把守各个环节，使官员不能腐，有效地遏制了腐败的势头。

习近平总书记指出，“制度是关系党和国家事业发展的根本性、全局性、稳定性、长期性问题”。新时代，推进制度建设，要坚持以党的科学理论为指导，把习近平新时代中国特色社会主义思想贯彻落实到坚持和完善中国特色社会主义制度、推进国家治理体系和治理能力现代化的各个领域、各个方面、各个环节；要坚持全面依法治国，统筹推进科学立法、严格执法、公正司法、全民守法，抓重点、补短板、强弱项，进一步实现党、国家、社会各项事务治理的制度化、规范化、程序化；要坚持解放思想、实事求是，坚持解放思想与实事求是相统一，坚持问题导向与目标导向相统一，推动国家制度和国家治理体系随着实践发展不断完善和发展；要坚持改革创新，创新作为引领发展的第一动力，把坚定制度自信和不断改革创新统一起来，全面推进国家治理体系和治理能力现代化。

最后，是强调自我批评的重要性。“曩者，朕之不明”，汉武帝用这句话正式认错。不说天命，不说人事，只说自己“不明”，当时，这对于六十七岁的皇帝而言，需要足够的魄力和勇气。汉武帝的治国路线也从“尚功”调整为“守文”，稳定了统治秩序，使西汉统治得以再延续近百年之久。

习近平总书记指出，“用好批评和自我批评这个锐利武器，驰而不息抓好正风肃纪反腐，不断增强党自我净化、自我完善、自我革新、自我提高的能力”。批评和自我批评是我们党的优良传统，是增强党组织战斗力、维护党的团结统一的有效武器。全体党员要发挥好民主生活会和组织生活会的作用，以刀刃向内的自我革命精神，充分运用批评与自我批评的武器，开展积极健康的思想斗争，增强自身发现和解决自身问题的能力。事前，要强化政治理论素养，明晰理论学习的重要性，经常性地开展学习交流活动。同时，要广泛征求党员、群众的意见，与他们开展谈心谈话工作，确保找准实际工作中的问题、亟待解决的问题。事中，要讲问题、提意见、论危害，红红脸、出出汗，对自己的缺点错误，要敢于正视、主动改正。事后，要明确整改方向，细化完善整改措施，明确整改时限，落实整改责任。

10 京口“寄奴”南朝武帝

刘裕（363—422），字德舆，“斜阳草树，寻常巷陌，人道寄奴曾住”，辛弃疾的这首《念奴娇》中提到的“寄奴”就是——南朝武帝刘裕的小名。刘裕出生于晋陵郡丹徒县京口（今江苏镇江），是南北朝时期的政治家、改革家、军事家，建立了南朝宋政权。

东晋哀帝兴宁元年（363），刘裕出生了，由于家境贫寒，他从小被姨母收养，小名“寄奴”便由此而来。刘裕从小对养母很孝敬，他勤劳能干，肯吃苦，靠耕种农作、砍柴捕鱼、卖编织草鞋来维持生计。刘裕在艰苦的环境中成长为一个身长七尺六寸（约1.86米）、风骨奇特的健壮青年。十四岁那年，他抱着建功立业的志向从军，从此开始了他金戈铁马、虎跃龙骧的生涯。公元420年，刘裕迫使晋恭帝禅让，登上九五之尊的高位，成为南朝宋的建立者，史称宋武帝。他当政后暂时停止用兵，休养生息，为政清明，开拓了南朝最强大的一个时代。

整顿吏治，选才举廉。刘裕对当时积弊已久的政治、经济状况进行了大力整治。他从整顿吏治入手，罢黜或处死许多士族或皇族出身的违法官吏。对于亲信、功臣中骄奢淫逸、贪腐无能的，他也严厉惩罚，甚至处死。他严格限制荆州府置，精简人员配置：将不得超过 2000 人，官不得超过 10000 人；其他置将不得超过 500 人，官吏不得超过 5000 人。同时简化政府机构，节约开支。刘裕重用出身寒微的人，下令改变选拔官吏主要依据门第，即所谓“下品无高门，上品无贱族”的状况，要求按照九品中正制初置时的精神选拔人才，并主张用考试的方法甄别各州郡送来的秀才、孝廉是否为滥竽充数之辈。

打击豪强，减免赋税。在经济上，他主张“土断”，并抑制兼并。六朝时为了照顾从北方南迁的地主豪强，在江南设置了很多侨州、侨郡和侨县，导致官僚机构冗杂繁多，朝廷财政负担很重。刘裕实行土断政策，除了南徐、南兖、南青三州在晋陵（今镇江、常州一带）界内，不在“土断”之列外，其余地方都依界“土断”。很多侨郡、侨县被合并或取消，使官僚机构得到省简。刘裕下令禁止地主豪强私占山泽的行为，允许人民按需砍柴捕鱼，还通过削夺士族私产来接济贫民。在户籍上，不再分土著和侨人，对隐藏户口的势家大族严格审查。此外，他在整顿赋役制度上也下足了功夫。他下令严禁地方官吏滥征租税、徭役，规定租税、徭役都以现存户口为准，凡州、郡、县的官吏利用官府之名占据的屯田、园地一律废除。凡官府需要的物资，必须按价向民间购买，不得征调。刘裕通过采取这一系列措施减轻杂税役，促进了经济的发展。

勤俭节约，廉政寡欲。刘裕对政治、经济的整顿打击了腐朽黑暗的贵族、士族势力，改善了当时的社会状况，同时减轻了劳动人民的痛苦。刘裕于政勤勉清正，于己则清简寡欲。魏晋以来，皇室、官府向来崇尚奢华，但刘裕出身孤寒，知道贫苦百姓生活的艰辛，他对珠玉与舆马不屑一顾，后宫的嫔御也很少，基本听不到有宫女歌舞的声音。一次，长史殷仲文谏言，建议朝廷应备音乐，刘裕以没有闲暇且不会欣赏为由予以推脱。宁州进献了光洁华丽的琥珀枕，刘裕听说琥珀可以疗伤，便令人捣碎分发给当时即将北伐的将士。他平时穿着十分简朴，往往是连齿木屐、普通裙帽；住处也朴实无华，用的是土屏风、葛灯笼、麻绳拂。为了警戒后人，他还在宫中悬挂了少时使用过的农具、补缀多层的破棉袄。“奢侈之费，甚灾于天”，刘裕的这些做法在当时消除了弊政，扭转了世风，同时也为“元嘉之治”奠定了基础，他的儿子宋文帝就是在这个基础上迅速发展国家，使宋成了南朝时期疆域最广、实力最强的一个王朝。

刘裕一生励精图治，明末清初思想家王夫之曾评价刘裕说：“裕之为功于天下，烈于曹操。”

节俭倡廉，律己正身。刘裕的一生崇尚节俭、追求廉洁，即使后来登上了皇帝宝座，成为一国之君，也没有贪图享乐、玩物丧志，仍然坚持少年时期形成的吃苦耐劳、质朴无华的品质。在政治上，他节俭施政，任用廉政贤士；在吃穿住行上，他崇尚简朴。不仅衣着普通，住所清贫，对于珠宝、马车、音乐等物质享受更是从不贪恋。宋之所以能变成南朝时期疆域最广阔、实力最强盛的王朝，离不开刘裕的廉洁品行和节俭作风。

古代的为政者将崇俭戒奢作为涵养个人品德的重要内容，并将其上升到治国理政的高度；鉴古思今，戒奢从俭作为中华民族的传统美德，它不仅是个人道德品质的体现，也是一个国家兴旺发达的象征。

《朱子家训》云：“一粥一饭，当思来之不易；半丝半缕，恒念物力维艰。”勤俭不仅可以使我们的家庭稳定幸福，还有助于我们养成质朴勤劳的美德。家是缩小版的国，国是放大版的家。好的家风是有声的教育，无声的塑造。《诫子书》是诸葛亮写给他八岁幼子的一封家书，其中强调恬静以修行自身，俭朴以淳养品德。“静以修身，俭以养德”也从此成为千古名句而为后世所称道。陆游在《放翁家训》中谆谆教导后世子孙，凡饮食但当取饱而已，“彼多珍异夸眩世俗者，此童心儿态，切不可为其所移，戒之戒之”！个人和家庭之外，乡里地方在树立乡约规范时，同样将节俭作为重要内容广为宣传，教化乡里。

勤俭也是当代社会的内在诉求，现代文明强调珍视有限资源，提倡崇俭抑奢的价值观。习近平总书记就倡导推广绿色消费，他提出，生态文明建设同每个人息息相关，每个人都应该做践行者、推动者。新时代新生活更要有新智慧，尽管我们的物质资源逐渐丰富，粮食产量也连年丰收，但勤俭节约的观念和习惯绝未过时，当下新冠肺炎疫情对全球粮食安全造成的冲击更为我们敲响了警钟。小餐桌、大文明，“光盘行动”看似只是打包剩菜剩饭，背后却透露出一个社会珍爱粮食、尊重劳动的意识，更是一种潜移默化的道德教育。

崇俭戒奢，为政以德。政治清廉是关乎一个政权兴亡的关键性因素，廉洁兴邦，腐败丧邦是一条铁的历史定律。老子指出："我有三宝，持而保之：一曰慈，二曰俭，三曰不敢为天下先。"人的物欲决定着贪与廉的产生，统治者的贪欲势必会造成对百姓的剥削，破坏社会风气，而崇尚节俭则是实现清廉治国的前提。中国古代曾先后出现过文景之治、光武中兴、贞观之治、开元盛世、康乾盛世等一些王朝盛世，彰显中国社会治理的博大智慧的同时，我们不难发现，这些王朝盛世在政治方面都有着政通人和、朝政清廉的特点。纵观古今中外历史，统治者在获取政权后沉迷享乐，迅速腐化，以致骤兴骤亡者不胜枚举。

能不能坚守艰苦奋斗精神，是关系党和人民事业兴衰成败的大事。习近平总书记深刻认识到这一点，始终坚持以零容忍的高压态势惩治腐败。"八项规定改变中国""坚持'老虎''苍蝇'一起打""让群众更多感受到反腐倡廉的实际成果"……通过不懈努力换来今日海晏河清，朗朗乾坤，深刻体现着总书记古为今用、推陈出新的治国方略。

11 “贞观之治”唐太宗

唐太宗李世民（598—649），祖籍陇西成纪（今甘肃秦安），唐朝第二位皇帝（626—649 年在位），政治家、战略家、军事家、书法家、诗人。

招贤纳士。李世民即帝位不久，按秦王府文学馆的模式，新设弘文馆，进一步储备天下文才。李世民知人善任，用人唯贤，不问出身，初期延揽房玄龄、杜如晦，后期任用长孙无忌、杨师道、褚遂良等，皆为忠直廉洁之士；其他如李勣、李靖等，亦为一代名将。此外，李世民亦不计前嫌，重用建成旧部魏徵、王圭，降将尉迟恭、秦琼等，一时人才济济。他又命高士廉、令狐德棻等人重修《氏族志》，着重立德、立言、立功，以功臣代替世胄；通过科举，他吸纳有才干的庶族士人，用科举代替门第。寒门子弟入仕机会大增，为政坛带来新气象。此外，他更接纳封德彝之议，命宗室出任官吏，以革除其坐享富贵的恶习。

开门纳谏。李世民经常以亡隋为戒，注意克制自我欲望，嘱咐臣下莫恐上不悦而停止进谏，励精图治，在政治上，既往不咎，知人善任，从谏如流，整饬吏治；经济上，薄赋尚俭，为政谨慎；亦致力复兴文教，令隋末动荡之局得以稳定下来。对外开疆拓土，攻灭东突厥与薛延陀，征服高昌、龟兹和吐谷浑，重创高句丽。设立安西四镇，与北方地区各民族融洽相处，获得尊号“天可汗”，为唐朝后来一百多年的盛世局面奠定了重要基础。

戒奢以俭。贞观元年（627）的一天，唐太宗与诸臣谈论，从营建宫室开始，谈到了社会风气，认为社会风气太过讲究排场和豪华，因而决定加以整顿。他说，自古帝王凡是有所兴造，都必须顺应民意，比如大禹治水，动用全国人力而人民没有怨言，因为这是大家都希望做的，而且是大家共享的。但秦始皇就不是这样，他营建宫室是为了自己享受，所以导致公众反对。朕最近也想建造一座宫殿，材料都准备好了，但想到秦始皇的事，就不再建了。一切奢侈品，若让人们恣意骄奢地用下去，那么离危亡就不远了。从今以后，自王公以下百官，他们的府第、车服、婚嫁、丧葬各依官阶加以规定，身份不合应服用的，要一律禁止。就是从这时起，贞观年间，风俗简朴，衣无锦绣，财物富饶，人民无饥寒之弊。

贞观十一年（637），他驾幸洛阳宫，中途抵达寿安县（今河南宜阳）的显仁宫，由于官府供备不足，官员多被责罚。魏徵认为不妥，说：陛下今驾幸洛阳，这是以前陛下大本营所在地，您当然希望这里的人民生活安定，所以要加恩于故老居民。但现在居民还没有得到恩惠，就先遭到责罚，原因无怪乎供应物品不精。如此实则是陛下不思满足，志在奢靡，违背了到洛阳的本心，这哪里是百姓希望的事情呢？李世民一听就明白了，表示自今以后不再发生这类事情，而且对身边人说：朕从前经过此地，也不过买饭而食，租舍而住，现在官府供应如此，岂有嫌不足之理呢？贞观十四年（640），他到同州（今陕西大荔）住了半个月，目的是打猎。有一天去栎阳打猎，县令刘仁轨走上前劝谏：现在正是收获季节，农民开始收割的还不到十之一二。这时要抽调他们为陛下服务，实在有妨农事，不是人君顺时而动的时机。希望陛下稍等十几天，等农民收割完了再进行田猎，这样就可以公私兼顾了。唐太宗非常欣赏他的勇气和仁心，不仅接纳了他的意见，而且很快提拔了他。

言传身教。贞观二十二年（648）正月，唐太宗将他撰写的《帝范》十二篇颁赐给太子李治，并对其告诫说：“你应当以古代的圣哲贤王为师，像我这样，是绝对不能效法的。因为如果取法于上，只能仅得其中，要是取法于中，就只能仅得其下了。我自从登基以来，所犯过失是很多的：锦绣珠玉不绝于前，宫室台榭屡有兴作，犬马鹰隼无远不致，行游四方供顿烦劳。所有这些，都是我所犯的过失，千万不要把我做榜样去效法。”

李世民开创了中国历史上著名的贞观之治。他的《百字箴》说：“耕夫碌碌，多无隔夜之粮；织女波波，少有御寒之衣。日食三餐，当思农夫之苦；身穿一缕，每念织女之劳。寸丝千命，匙饭百鞭；无功受禄，寝食不安。交有德之朋，绝无义之友。取本分之财，戒无名之酒。常怀克己之心，闭却是非之口。若能依朕所言，富贵功名可久。”他以此赠予朝中大臣，告诫为官者修身克己的做人之道。

唐太宗李世民是我国历史上一位伟大的政治家，是影响中国乃至世界进程的杰出人物。他任人廉能，知人善用；广开言路，虚心纳谏；以农为本，厉行节约；致力文教复兴，完善科举制度等政策，使得社会出现了安定的局面；他大力平定外患，尊重边族风俗，稳固边疆，开创了“贞观之治”。

严以修身、严于律己。习近平总书记指出，“严以修身，才能严于律己。一个干部只有把世界观、人生观、价值观的总开关拧紧了，把思想觉悟、精神境界提高了，才能从不敢腐到不想腐”。

回顾中国共产党的百年历程，坚守马克思主义信仰、共产主义远大理想、中国特色社会主义共同理想，一直是共产党人安身立命的根本。必须要牢固树立正确的世界观、人生观、价值观，践行全心全意为人民服务的根本宗旨，要加强党性修养，坚定理想信念，提升道德境界，追求高尚情操，自觉远离低级趣味，自觉抵制歪风邪气，把个人理想融入国家富强、民族振兴、人民幸福的伟业之中。始终牢记“勿以恶小而为之，勿以善小而不为”，时刻坚持从严要求自己，善于从日常工作、学习和生活中的小事小节做起，切实在防微杜渐中筑牢防线、守住底线、保持本色，做到慎言、慎友、克己、清廉。

虚怀若谷、海纳百川。习近平总书记指出，领导干部“要有平等待人、与人为善的真诚态度，有虚怀若谷、海纳百川的宽阔胸襟，力争把各方面的真实意见掌握全、掌握准，进行反复研究、反复比较、择善而从”。

唐太宗作为一国之君，始终保持着“兼听则明，偏信则暗”的思想自觉，近君子而远小人。唐朝敢于直言进谏的大臣以魏徵最为著名。魏徵的直言进谏，受到了唐太宗的赏识，也为朝中其他官员树立了良好的榜样。唐太宗在魏徵离世后悲痛地感叹道："以铜为镜，可以正衣冠；以古为镜，可以见兴替；以人为镜，可以明得失；魏徵没，朕亡一镜矣！"

党内民主是党的生命，是党内政治生活积极健康的重要基础。领导干部要有容人的雅量，正确对待批评和不同意见，做到心胸开阔、虚怀若谷、从善如流、平等待人，形成心齐气顺、风正劲足的良好局面。党员领导干部必须牢固树立正确的权力观、地位观、利益观，培养锻炼战略思维、辩证思维、创新思维、法治思维、底线思维能力，坚持集体领导制度，实行集体领导和个人分工负责相结合，切实维护和增强班子的团结，要主动发挥示范带动作用，严于自我剖析，善于听取不同意见，开出高质量的民主生活会和专题组织生活会，提高自我净化、自我完善、自我革新、自我提高的能力。

以民为本、以上率下。党的十九大报告指出，"人民是历史的创造者，是决定党和国家前途命运的根本力量"。

《荀子·王制》："君者，舟也；庶人者，水也。水则载舟，水则覆舟。"魏徵《谏太宗十思疏》："怨不在大，可畏惟人；载舟覆舟，所宜深慎。"唐太宗教诲太子李治所言："舟所以比人君，水所以比黎庶，水能载舟，亦能覆舟。"

古代封建统治者尚能认识到存养百姓的重要性，党员领导干部更应自觉坚持全心全意为人民服务的根本宗旨，保持同人民群众的血肉联系，始终与人民同呼吸、共命运、心连心，坚持深入基层、联系实际、务求实效，坚决执行党的群众路线，一切为了群众，一切依靠群众，从群众中来，到群众中去，把实现好、维护好、发展好最广大人民根本利益作为推进改革的出发点和落脚点，让发展成果更多更公平惠及全体人民。党员领导干部要充分发挥好"头雁"作用，坚持理论与实践相结合，弘扬社会主义核心价值观，广泛听取群众意见，坚持从最困难的群众入手、最突出的问题抓起、最现实的利益出发，开展好"我为群众办实事"实践活动，切实增强群众的获得感、幸福感、安全感。

12 康熙大帝清圣祖

清圣祖爱新觉罗·玄烨（1654—1722），清朝第四位皇帝，年号“康熙”。康熙帝八岁登基，十四岁亲政，在位六十一年，是中国历史上在位时间最长的皇帝。

他文武双全，既精通传统文化，又涉猎西方科学知识。一方面，康熙取得了对三藩、沙俄的战争胜利，收复台湾，显示了他卓越的军事指挥才能；另一方面，康熙举行“多伦会盟”怀柔蒙古各部。他开创康乾盛世的局面，是一位英明的君主、伟大的政治家。

俭以养德。康熙帝在奉行节俭方针时，分寸掌握恰当，内外有别。法国传教士白晋对此深有感触，曾记述如下：他（康熙帝）非常节制个人的开支，对国家的经费却又十分慷慨大方。只要是为了国家的福利，哪怕花费千百万他也在所不惜。修缮公共建筑，保持江河航道的畅通、建桥、造船等，一切方便百姓、有利贸易的事情，他动用巨款十分慷慨。因此不难断定，他不为个人枉费分文，完全是出于贤明的节约，以便把金钱用于国家真正的需要上。

康熙亲政前不久，大臣熊赐履上疏指出："蠲赋则吏收其实而民受其名，赈济则官增其肥而民重其瘠。"康熙十八年（1679），京师地震，康熙宣布6项招灾的积弊，揭露官吏中的腐败现象：一是民生困苦已极，地方官吏谄媚上官，科派百姓；二是大臣朋比徇私；三是用兵地方，诸王将军大臣多掠小民子女；四是蠲免钱粮分数及给发银米面赈济，地方官吏苟且侵渔，以致百姓不沾实惠；五是大小问刑官员枉坐人罪，恐吓索诈；六是包衣下人及诸王贝勒大臣家人侵占小民生理。由于康熙懂得"长吏贤则百姓自安"，故特令刑部立法对以上"积弊"加以严禁。

整顿吏治。康熙亲政后，着手整顿吏治，恢复了京察、大计等考核制度。为了防止被臣下蒙蔽欺骗，康熙还亲自出京巡视，了解民情吏治。其中最著名的是六次南巡，此外还有三次东巡、一次西巡，以及数百次巡查京畿和蒙古，南怀仁记载他巡视时"亲切地接近老百姓，力图让所有人都能看见自己，就像在北京时的惯例一样，他谕令卫兵们不许阻止百姓靠近。他尽力撤去一切尊严的夸饰，让百姓靠近，以此向臣民展示祖先传下来的朴质精神"。此举极大地促进了康熙对民情的了解，他还亲自巡视黄河河道，督察河工，并下令整修永定河河道。

康熙二十年（1681）2月，康熙召见于成龙的时候，当面褒奖他："尔为当今清官第一，殊属难得。"勉励他要"始终一节"，并赐食御书房。康熙二十三年（1684），于成龙病故，康熙因他"清操一辙，非寻常廉吏可比，破格抚恤，以为廉吏劝"，加赠太子太保，谥清端，荫一子入监。并御书"高行清粹"四字为祠额，书楹联赐之。这是康熙对难得的清廉官吏的最高奖赏。

康熙二十三年（1684）以后，康熙开始定期多方面考核官吏。在康熙晚期的30多年里，大批不称职的官吏受到处理，有1500多人因"才力不及"和"浮躁"被降职调用，还有1500多人因"不谨"和"罢软无力"而被革职，此外因"贪""酷"被惩处的有500多人，因"年老""有疾"而休致的达2600多人，而因廉洁能干受到表彰的也有700多人。之所以如此，是康熙以为"治天下以惩贪奖廉为要，廉洁者奖一以劝众，贪婪者惩一以儆百"。这对于防止官吏腐败，提高官吏素质起到了积极作用。

学贯中西。康熙除了学习西方科技之外还会应用实践，其最突出的成就，就是在发现原来的地图绘制方法相对落后之后，用科学方法和西方仪器绘制全国地图。康熙亦会利用巡行和出兵之便，实地测量，吸取经验。在康熙四十六年（1707）他委任耶稣会士雷孝思、白晋、杜德美及中国学者何国栋、明安图等人走遍各省，运用当时最先进的经纬图法、三角测量法、梯形投影技术等在全国大规模实地测量，并于康熙五十七年（1718）绘制成《康熙皇舆全览图》，其作被称为当时世界地理学的最高成就，英国李约瑟亦认为它不但是亚洲当时所有的地图中最好的一幅，甚至比当时的所有欧洲地图都更好、更精确。

恩格斯说过："与其说是个别人物，即使是非常杰出的人物的动机，不如说是使广大群众、使整个的民族，以及在每一民族中间又使整个阶级行动起来的动机。"康熙时期复杂的政治环境，在廉政建设上的察吏安民、惩治贪官、提倡节俭的思想和做法，对于我们推进全面从严治党、反腐败工作还是有积极作用的。

以民为本，勤俭节约。习近平总书记在党史学习教育动员大会上强调："历史充分证明，江山就是人民，人民就是江山，人心向背关系党的生死存亡。赢得人民信任，得到人民支持，党就能够克服任何困难，就能够无往而不胜。"

康熙皇帝曾说："致治之道，民为最要，凡是于民生有益，即宜行之。"他始终坚持"民为邦本，勤恤为先"即以恭俭为本，勤恤为先，关心民疾，与民休息的廉政思想。他还说："帝王致治，首先维持风化，辨别等威，崇尚节俭，禁止奢侈。"可以说这既是他个人的美德，也是事业成功的保证之一。

"知政失者在草野。"得民心者得天下，这是一条亘古不变的真理。群众路线是党的生命线和根本工作路线。广大党员干部要深入践行党的群众路线，把群众呼声作为"第一信号"，把群众需求作为"第一选择"，把群众利益作为"第一考虑"，把群众满意作为"第一标准"，始终把群众放在心中，尊重群众、热爱群众、服务群众，努力改进工作作风，以百姓心为心，与人民同呼吸、共命运、心连心，始终把人民群众的利益放在心中最高位置，始终牢记人民对美好生活的向往就是我们的奋斗目标。

奖廉惩贪，反腐倡廉。习近平总书记指出，"要保持反腐败政治定力，不断实现不敢腐、不能腐、不想腐一体推进的战略目标"。

"奖廉惩贪"贯彻康熙防治官吏腐败制度始终，廉、贪相互对立，康熙不仅注重奖励廉洁的官吏，还褒奖其清官事迹，为其他官吏树立榜样，有利于改善官吏队伍的整体素质，同时，惩治贪官污吏，既将贪官能绳之以法，也能起到警示作用。

新时代，强化党风廉政建设，要筑牢清正廉洁思想根基。要坚持严管与厚爱相结合，激励与约束并重。一要加强和规范党内政治生活，促使党员干部不断自我净化、自我完善、自我革新、自我提高，维护好党的先进性与纯洁性，做到在党言党、在党忧党、在党为党，把爱党、忧党、兴党、护党落实到工作的各个环节。二要强化思想建设，进一步筑牢信仰、激发担当、巩固忠诚。通过读原著、学原文、悟原理，深刻掌握马克思主义理论的科学体系和精神实质，提升运用理论解决实际问题的本领。三要以党内政治文化建设引领廉洁文化建设，把廉洁要求融入日常教育管理监督，分层分类常态化开展警示教育，深化家庭家教家风建设，开展清廉家风主题宣传教育，弘扬崇廉尚洁社会风尚。

强化监督，防微杜渐。习近平总书记指出，"践行'三严三实'，要立根固本，挺起精神脊梁；要落细落小，注重细节小事；要修枝剪叶，自觉改造提高；要从谏如流，自觉接受监督"。

古语云："一事不谨，即贻四海之忧；一时不慎，即贻千百年之患。"康熙采用亲自巡察、密折制度、风闻言事等方式，将中央和地方各级都纳入监察体制中。任用科道官员制约官吏，增强科道官对官吏的监督、评议权，对官吏形成有效约束。

新形势下，对党员干部的日常监督管理要积极创新监督手段，防微杜渐。一要警钟长鸣，筑牢思想防线。要引导党员干部主动学习党风党纪、法律法规，不断强化理论武装，坚定理想信念，坚守共产党人精神追求，补足精神之"钙"，筑牢思想之"魂"。二要抓早抓小，筑牢身体防线。要把纪律停在前面，从小处抓起、从日常抓起，使每名党员、每个党组织都在纪律的约束中，发现错误苗头，及时谈话提醒、约谈批评、函询诫勉，使党员、干部不犯或少犯错误。三要完善制度，筑牢执纪底线。对干部的日常监督与管理要有切实可行、易于操作的管理制度。不仅要将制度细化量化，还要切实抓制度的落实执行，使干部的日常监督有据可依，有迹可循，从而筑起执纪的底线。

第二篇章　清风廉吏篇

13 清正廉洁孙叔敖

孙叔敖（约前630—前593），芀氏，名敖，字孙叔，一字艾猎，春秋楚国期思邑（今河南淮滨期思镇）人，春秋时期杰出的政治家，楚庄王时任令尹，史称楚祖孙叔敖。孙叔敖为官清廉，恪尽职守，善施教化，仁厚爱民，是有名的贤相，也是《史记·循吏列传》中记载的第一位清官，被一代史学家司马迁列为循吏第一人。他辅佐楚庄王治理国政，帮助楚庄王成为春秋五霸之一，楚国日益强盛。孙叔敖拥有着很多的过人之处，正如张正明先生指出的："楚国的诸多令尹，以功业和品格论，当推孙叔敖为第一。"他作为一代贤相名垂青史，受到后人的景仰、推崇和纪念。

为民治水，兴修水利。约公元前605年，孙叔敖毛遂自荐回到他的故乡期思邑主持治水，解决淮河洪灾频发的问题。《淮南子·人间训》记载："孙叔敖决期思之水，而灌雩娄之野。庄王知其可以为令尹也。"孙叔敖截引期思的水，来灌溉附近的旱田，既解决了淮河洪灾频发的问题，又解决了百姓无水浇灌旱田的问题，此乃是一大功。孙叔敖倾尽家产地兴修水利，历时三年，我国历史上第一座水利工程——期思陂建成。期思陂使得当地水稻种植面积和粮食产量都大大增加，老百姓的生活得到很大的改善。孙叔敖因此名气大增，获得百姓的爱戴。期思陂建成前，孙叔敖拒绝父亲的推荐和楚庄王的任免，认为这样自己不能让别人信服。期思陂建成后，楚庄王马上任用孙叔敖为令尹，这一次他没有拒绝。

孙叔敖担任楚国的令尹后，楚国的文武百官、黎民百姓都赶来祝贺。只有一位老人，穿着白衣戴着白帽，仿佛是前来吊丧的。孙叔敖整理好衣帽出来见他，再三作揖并对老人说："楚王不了解我没有才能，让我担任宰相，人们都来祝贺，只有您来吊丧，莫不是有什么话要指教吧?"于是老人问他："仆闻之，有三利，必有三患，子知之乎?"孙叔敖问道："何谓'三利''三患'?"老人回答说："爵高者，人妒之；官大者，主恶之；禄厚者，怨归之。"孙叔敖又说："吾爵益高，吾志益下；吾官益大，吾心益小；吾禄益厚，吾施益博。以是免于患乎?"孙叔敖的言语相当恰切，也表明他对做官的原则有深刻的思考和认识。

担任令尹后，孙叔敖继续大力倡导修建水利设施，改善农业生产条件，助力农业发展，发展社会经济，发展民生经济，为人民谋福祉。

楚庄王十七年（前597），孙叔敖主持修建了大型水利灌溉渠道——芍陂（今安徽寿县安丰塘）。他躬亲设计并开凿了芍陂。此处原来是一片低洼之地，孙叔敖动员数十万农民开凿引水，修筑堤堰连接东西的山岭，开凿水渠引来河水，造出了一个调节旱涝的人工湖。芍陂建成后，不仅有效防止当地频发的水涝灾害，并且为一百多万亩农田提供了灌溉水源，促进了淮河以南地区农业生产的发展，继而促进了经济的进步与百姓生活水平的提高。《绎史·孙叔敖碑》赞曰："宣导川谷，陂障源泉，灌溉沃泽，堤防湖浦，以为池沼，钟天地之美，收九泽之利，以殷润国家，家富人喜。"可见孙叔敖治水之功绩。

孙叔敖不但治水业绩突出，还致力于促进社会经济发展。他重视农、牧、渔业多向发展，组织百姓在秋冬季节采伐树木，等到春夏时节将树木放入河流中运出山去，从而使资源得到合理利用。除此之外，他还鼓励百姓开垦荒地，努力发展生产，促进经济发展。

廉洁奉公，两袖清风。楚庄王是个喜怒无常的人，总是冲动办事，所以孙叔敖担任令尹的仕途并不平坦。从楚庄王九年（前605）到二十一年（前593），孙叔敖在令尹任上三上三下。但他“不以物喜，不以己悲”，依旧做好自己。孙叔敖的一生是清廉的一生。他坚辞不受楚庄王的多次封赏；身为令尹，却一切从简；为官十余载，却家徒四壁，无棺下葬，没有余财留给家人。孙叔敖的清正廉洁也深深影响了妻子儿女，一家人都谦逊谨慎，不求名利。

诸葛亮评价说：“昔孙叔敖乘马三年，不知牝牡，称其贤也。”安丰塘北堤孙公祠，期思陂，楚相孙公庙便是后人对他最好的纪念。

孙叔敖的一生为官清廉，恪尽职守，善施教化，仁厚爱民，即使后来获得楚庄王赏识，成为一人之下，万人之上的令尹，也没有尸位素餐、趾高气扬，仍然坚持清正廉洁、仁厚爱民的品质。在政治上，他施教导民，注重法治，重视民生，体察民意；在生活中，他崇尚简朴，妻不衣帛，马不食粟，家无余财。“施教导民，上下和合，世俗盛美，政缓禁止，吏无奸邪，盗贼不起。秋冬则劝民山采，春夏以水，各得其所便，民皆乐其生。”这是司马迁对孙叔敖的评价。在他担任令尹期间，施行的各项措施包括政治实践、经济建设、文化教化、军事改革等都取得了突出的成就，为楚国称霸中原奠定了良好的基础。孙叔敖的施政措施能对楚国有如此影响，探其根源，跟他一生所奉行的以民为本、克己奉公、秉持清廉等廉政思想是密切相关的。孙叔敖丰富的廉政思想与事迹也为我国当代廉政文化建设提供了很多有益的启示。

厉行勤俭节约，严守清正廉洁。元代王冕《墨梅》诗云：“不要人夸颜色好，只留清气满乾坤。”清正廉洁从来都是一个好官吏应该具备的品格，而且有利于国家的长远发展，人民的幸福安康。清朝吴汝纶在《谕儿书》中说道：“作官之钱，皆取之百姓，非好钱也，故好官必不爱钱，吾虽无德，岂愿以此等钱豢养汝曹、私妻子哉?”为官从政，强调必须首先做到清正廉洁，不以职位谋私利。党的十八大以来，习近平总书记大力倡导廉政建设，他站在党和国家工作全局的高度，深刻阐释了党风廉政建设和反腐败斗争的重大理论问题和实践问题，为新形势下深入推进党风廉政建设和反腐败斗争提供了思想武器和行动指南。作为党员干部，一定要加强官德建设，要以孙叔敖为学习榜样，管好、教育好自己和家人；要从日常生活做起，保持艰苦朴素、勤俭淡泊的生活作风，不受物欲的诱惑，不追求奢侈的享受；要克己奉公，廉政勤政，关心人民疾苦，时刻保持清醒的政治头脑和一身正气，坚守思想道德底线，抵制一切腐朽思想侵蚀；要弘扬党的光荣传统和优良作风，切实转变工作作风，提高拒腐防变能力；坚决同一切消极腐败现象作斗争，永葆共产党人浩然正气和政治本色，矢志不移为实现中国梦而奋斗。

一切改革须立足于民，要让改革成果惠及于民。孙叔敖执政期间，针砭时弊，关注民生，注重发展经济，治理水患，修建基础水利设施，提高粮食产量，从而提高百姓的幸福感；孙叔敖还是一个成功的改革家，他所进行的改革有两大特点：一是着眼于民众的根本利益，二是真刀真枪，大刀阔斧。清代黄宗羲曾言："天下之治乱，不在一姓之兴亡，而在万民之忧乐。"民生问题始终是发展的根本问题。中国共产党的初心和使命是为中国人民谋幸福，为中华民族谋复兴。只有将以民为本的精神扎根于广大党员干部心中，才能使得党员干部在具体事务中做到心系群众，从群众中来，到群众中去，从而筑牢社会主义建设的根基。

民族复兴、国家富强、人民幸福，是中国梦的目标指向。要把劲使在经济建设上，把汗流在改善民生上，多谋民生之利，多解民生之忧，解决好人民最关心最直接最现实的利益问题，让人民群众学有所教、劳有所得、病有所医、老有所养、住有所居。

孙叔敖的勤政廉政思想及实践，是传统廉政文化的重要组成部分，是中华民族的一笔宝贵精神财富，历久弥新，其积极因素依然可为我们所用，对实现中国梦具有重要的现实借鉴意义。

14 公正执法董宣

董宣，生卒年不详，字少平，东汉陈留圉县（今河南开封杞县）人。光武帝时，曾任北海相、江夏太守及洛阳令等职。不论身处何位，他始终以打击权贵、造福百姓为己任，对违法乱纪之徒严惩不贷，从不向权贵低头，被汉光武帝刘秀赞誉为“强项令”，是不可多得的治世能臣。

建武初年，汉光武帝沿用西汉时期征辟制，广纳贤才。董宣因才华出众，胆识过人，受到侯霸赏识，由此进入仕途。董宣仕途一帆风顺，为官不久就被举为高第，后又累迁北海相（北海国是汉代诸侯国，在今山东省昌乐县西）。

铁面无私，执法如山。董宣赴北海国上任后，为稳定地区局势，任命地方豪族首领公孙丹为五官掾，掌管祭祀。公孙丹在北海国地位显赫，经常仗着自己的权势欺压百姓。一天，公孙丹新宅落成，命人请来巫师占卜，巫师说此宅不吉利，以后肯定要死人。公孙丹信以为真，指使他儿子杀死了一个过路的百姓，并把这位百姓的尸体置于新宅之中。他以为有人替死，就可以消除祸患、高枕无忧。光天化日之下草菅人命，百姓对公孙丹父子痛恨至极，在百姓们的强烈控诉下，董宣受理此案，查明犯罪事实，毫不犹豫地将公孙丹父子抓捕归案。董宣认为公孙丹仗着自己是豪族，就肆意妄为，令百姓苦不堪言，一定要将其绳之以法，还百姓公道。他令人将公孙丹父子斩首示众。公孙丹的亲属得知宗族首领被杀，愤愤不平，竟集结了三十多人，携带兵器，企图闯入衙门向董宣问罪。董宣想到公孙丹曾率这些人为王莽效过力，担心他们和海贼勾结，对社会造成更严重的危害，便命令门下书佐水丘岑把这些人全部处死。百姓对此无不拍手称快。

董宣此举遭到了青州官员的弹劾，状告他滥杀无辜。董宣被廷尉传讯，抓到监狱，判处死刑。在命悬一线之际，光武帝派人来救下了董宣，董宣向光武帝详细叙述了公孙丹及其族人的种种罪状，并为水丘岑求情。董宣有情有义、刚正不阿，光武帝对其赞赏有加，命人将水丘岑赦免，并擢升董宣为司隶校尉。

不畏权贵，秉公执法。后来董宣被特别征召为洛阳令，当时洛阳是东汉的都城，遍地都是得罪不起的权贵，他们利用自己的贵族特权，专横跋扈。董宣接任后，仍秉公执法，敢于向权贵问罪。不久，董宣果然又“闯下大祸”。湖阳公主是光武帝刘秀的大姐，权势显赫、性情骄纵，就连公主府的奴仆也仗势欺人，竟然在众目睽睽之下行凶杀人，犯案之后，家奴躲藏在公主府中，捕快无法将其捉拿归案。

董宣闻讯即派衙役在公主府外秘密监视，伺机捉拿逃犯家奴。没过多久，公主乘坐马车外出，杀人的家奴陪同乘车。董宣带衙役拦住了公主的车驾，要求公主交出恶奴。湖阳公主以权势压人，拒不交出，但董宣并没有退缩，而是细数恶奴的罪状，并指责湖阳公主：“您实在不应目无法纪，袒护罪犯。皇上委以重任，我一定要尽职尽责，保证都城百姓的安全。”湖阳公主听后顿时无言以对，不敢再去阻拦。董宣一声令下，洛阳的吏卒一拥而上，从车上拖下杀人的家奴，当街斩首。

湖阳公主赶赴皇宫向光武帝哭诉。光武帝听后大怒，认为董宣蔑视公主，准备将其杖毙。董宣奉诏进宫，向光武帝义正词严道：“陛下英明神武，光复了汉家天下，现在却因为湖阳公主是您的亲属，就任由公主府的恶奴为非作歹。这样下去怎么能治理好天下呢？臣不需要杖击，请陛下准许我自杀!”话音刚落，他便一头撞在柱子上，头破血流。董宣的慷慨陈词和刚正不阿的行为让光武帝深受感动，决定不再治董宣的罪，但顾及公主的面子，要其给公主磕头赔礼。董宣说:“我没有错，无礼可赔!”光武帝只好示意太监使劲把董宣的脖子往下按，年近七旬的董宣用两只胳膊硬撑着地，梗着脖子，不肯低头。光武帝对董宣的宁折不屈很欣赏:“你这个强项令，脖子可真硬!”于是对他大加奖赏，董宣分文不取，全部分给手下的官吏衙役，“强项令”的美名在百姓间广为流传。

董宣坚守法令、一心为民，不向权贵低头的壮举，让光武帝对其更加信任。从此，洛阳贵族无不惧怕这位硬脖子县令，再也不敢知法犯法，城内击鼓鸣冤的人也越来越少。百姓称董宣为“卧虎”，还赞叹道:“枹鼓不鸣董少平。”将其视为不畏强权、执法严明的典范。

历史总能给人以深刻启示。董宣为民做主、不畏强权、秉公执法，百姓拥有这样的“父母官”，自然心之所向；在如今的社会主义法治国家，正需要这样能够依法办事、公正执法的人，来形成爱民护民、法纪严明、公平公正的法治局面。

廉洁正直，立清正之品格。《广雅》曰:“廉，稜也。”意指正直、刚直、品行方正，故而常有“廉直”的说法。传统社会以清官情结为代表的廉政文化之第三层含义，就是要培养官员廉直的操守，对待人为压力，要有正直、正气、刚正的品格，要讲原则，做到刚正不阿、公正执法。董宣身上所展现的，正是传统廉政文化中“清正”的文化品格。董宣七十四岁时，逝于任上。光武帝知悉董宣家中情况后悲伤道:“董宣廉洁，死乃知之!”

孟子有言:“生，亦我所欲也，义，亦我所欲也；二者不可得兼，舍生而取义者也。”强项令董宣不畏强权、执法如山、抗争到底，为了伸张正义，他敢于惩治豪族；为了惩奸除恶，他敢与皇亲国戚对峙；为了维护律法的公正和地位，他敢违抗皇命，誓不低头、宁死不屈。面对穷凶极恶的地方豪族首领公孙丹，他毫不犹豫地受理此案，查明公孙丹父子的犯罪事实，将他们抓捕归案，公正地做出斩首的处罚，还百姓们公道。面对后台强硬的皇亲国戚——光武帝刘秀的大姐湖阳公主，都能够坚持锄强扶弱，执法严明，维护国家秩序，保护百姓安全，真可谓铮铮铁骨、刀斧难屈。

执法为民，提升执法公信力。随着我国社会主义经济发展水平和人民群众法治素养的不断提高，严格执法、公正司法的任务变得更加繁重，责任也更加重大。人民群众对执法人员的执法水平和服务水准提出了更多、更高的要求，这些要求体现在三个方面：严格执法、公正执法、文明执法。坚持严格规范公正文明执法，是推进全面依法治国的基本要求，是维护社会公平正义的重大举措，是提升执法公信力的重要途径。在历史中，董宣面对地方豪族的强大势力未有过丝毫退缩，仍然秉公执法，听取百姓的诉求，在百姓苦不堪言的时候，拯救百姓于水火之中，赢得了百姓的认可与爱戴。如今，作为执法之人，要不偏心不纵容，严格按照法律的规定行使法定职权，坚持公民在法律面前人人平等的原则，决不能超越法定职权执法。在执行职务中必须尽职尽责，对发生的违法行为敢于纠正并依法处罚，不搞因态度不好而加重处罚或态度良好而减轻处罚的“态度执法”；也不搞因违章人与执法人有亲朋关系就从轻处罚的“关系执法”“人情执法”，做到见违必究，违法必罚，罚而有据，确保执法的公正性。只有依法办事，才能主持公正、惠及人民；相反，若心中无法律这一准则，处理起事情来便会瞻前顾后，甚至受人要挟，做出徇私枉法之事。

依法治国，树向善之风气。法令是国家治乱安危之所系，法治是国家治理体系和治理能力现代化的必由之路。董宣即使得罪权贵，也始终坚持依法办事，维护法律的地位，不存私念，不给有权势的人可乘之机。今天，对广大党员干部来说，要提高运用法治思维和法治方式治国理政的能力，善于在法治轨道上处理各种问题，在每一个具体事件中坚守公平正义、树立法治信仰。要把对法治的尊崇和敬畏转化成思想自觉和行动自觉，带头做尊法学法守法用法的模范之人。对执纪执法者来说，必须牢固树立执法为民观念，树立服务理念，要进一步端正思想作风，保证执法行为规范化、人性化，要带头做到刚正不阿、勇于担当，坚决抵制形形色色的诱惑，坚决依规依纪依法履行职责，才能让人民群众切实感受到公平正义，社会风气才能向上向善。

15 悬鱼太守羊续

羊续（142—189），字兴祖，东汉时期太山平阳（今山东新泰）人。中平元年（184），出任太尉（杨赐）府掾，出任庐江太守，镇压黄巾起义。累迁南阳太守，平定赵慈叛乱。

前庭悬鱼。南阳在当时是富庶之地，而南阳太守在时下官僚眼中更是“肥缺”。南阳富庶，不是说老百姓富有，而是富豪云集，贿赂官府出手阔绰，前几任太守在南阳为官都赚得盆满钵满。而羊续却“富差事穷当”，断然与当地富豪保持距离，不与他们有任何经济来往，办案时更是“丁是丁，卯是卯”。有位郡丞从羊续随从的口中得知，羊续没别的爱好，就爱吃鱼，就特地让人打捞了一条名贵的大鱼亲自送来。羊续十分为难，他想，如果不收，就扫了郡丞的面子；如果收下，又怕其他官员纷纷效仿。于是，他灵机一动，很客气地将鱼收下了，既没吃也没送人，而是将鱼“悬于庭”。那位郡丞不久后又送鱼来，羊续便指着庭院中的那条鱼说：“你上次送的鱼，我还没吃完，怎好再收？”郡丞一听便明白了羊续的用意，惭愧地走了。南阳境内其他官员和富豪经常打听那条鱼的情况，以便能送鱼给羊续“略表心意”，但是直到鲜鱼变成干鱼，鱼还依然挂在庭院中，郡中官吏十分震惊，从此，再也没人敢给羊续送礼了，而羊续也因此得了个“悬鱼太守”的雅号。

以身作则。羊续独自一人在城里做官，家人一直住在乡下过着俭朴生活。为了沾光好办事，羊续的族人便自发凑起盘缠，让羊续的妻儿到南阳找羊续。到了郡衙，门卫通报后，羊续却拒而不见，不让门卫开门，并传令让他们赶快回家去，不要想着进城享受荣华富贵。受此待遇，羊续的妻儿非常生气，不顾当差的阻拦硬是闯了进去，羊续见到面黄肌瘦的妻儿，心里十分酸楚，他一言不发地把妻儿领到自己的住处。那房子又小又破，家徒四壁，所有的财产就是一床破旧的布被褥、一套破旧的短布衣、几斗麦子、一点盐。羊续坦然地对妻儿说：“你们都看到了，我的财产就这些，连我自己都难养活，让我怎么留下你们？但我这里比流离失所的老百姓不知要好上多少倍！作为南阳太守，我有责任让老百姓衣食无忧，过上好日子。若是你们母子留下来了，我整天要为全家人的三餐发愁，哪还有心思为这里的老百姓做事？做这个太守还有什么意义？还不如跟你们回乡种田呢！你们还是回去吧，我也没什么礼品带给乡亲们，要么就告诉他们没见到我，要么就代我问声好吧！”妻儿见此境况默默地离开了。

贫贱不能移。东汉末年，买官卖官歪风盛行，朝廷公开出卖官爵，上至公、卿，下至郎、吏，都明码标价，“公”价千万钱，“卿”价五百万钱等。东汉中平六年（189），汉灵帝想把羊续调到朝廷里当太尉，主管军事，位列“三公”。当时朝廷有个不成文的规矩：凡要担任三公的人，都必须向“东园”（掌管皇家陵墓内器具的制造与供应的官）捐献白银千万两，以解决皇家陵墓管理经费不足的问题，朝廷还派中使加以监督，这些中使被称为“左驺”。中使所到之处，官员们都争相奉承，还要给予丰厚的礼物。羊续若要进京必须备上厚礼去答谢。这对于敝衣薄食、两袖清风的羊续而言简直是难于上青天。羊续等“左驺”到府后，他招待使者的只有一杯清水，所坐的也是十分单薄的旧席。“左驺”看了一眼掉瓷的茶碗，虽然口渴，但硬是忍住没喝，对于坐席只好用手绢铺在席上怕弄脏了衣服，耐着性子等待羊续进贡。没想到，羊续从后室把自己的破布短袄拎了出来说：“这便是我全部的财产!”没有收到任何好处的“左骀”回京后，自是说了羊续许多藐视朝廷、居功自傲之类的坏话，汉灵帝很不高兴，羊续因此没有登上三公之位。汉灵帝后来又改任命羊续为太常，可免去礼钱，羊续尚未去赴任，就已病故，时年48岁。羊续临终留下遗言，要求薄葬，不接受朝廷赐赠。依旧制，二千石官员要赠一百万钱办丧葬，府丞焦俭按羊续遗嘱办事，一文不受。汉灵帝知道此事后，下诏书以赞扬其品德，勒令太山太守把官府办丧事的钱赐给羊续家人。

洁身自好、廉洁自律。《后汉书》记载：“时权豪之家多尚奢丽，续深疾之，常敝衣薄食，车马羸败。”羊续身为一郡太守，保持基本的“太守待遇”应是可以做到的，但他“常敝衣薄食，车马羸败”。这并非其标新立异或沽名钓誉，而是他不随流俗、俭以养德的体现。正是因为有了这份勇气，他才能始终葆守生活俭朴的本心，进而做到为政清廉。

各级党员领导干部要全面贯彻党的十九大和十九届历次全会精神，增强“四个意识”、坚定“四个自信”、做到“两个维护”，对“国之大者”领悟到位，始终在思想上政治上行动上同党中央保持高度一致。执行中央八项规定及其实施细则精神，发扬自我革命精神，永葆清正廉洁的政治本色。要不断审视自己、检查自己，若发现自己有未尽之处，就要以只争朝夕的紧迫感做到立整立改，及时补短板、强弱项，让自己在常省常新中不断成长。要不断自我提升，保持与时俱进，在工作中要勇于去啃“硬骨头”，始终冲在前、干在前，不断提升自己的业务能力。要不断心存敬畏、手握戒尺，不做任何“闯红灯”“越红线”的事，严格约束自己的行为，在每日的“照镜子、正衣冠、洗洗澡”中保持一身干净。

慎独慎微、守住底线。“祸患常积于忽微，智勇多困于所溺”，今天收一条鱼，明天收两杯酒，恐怕“贪婪症”就会在身上种下“病灶”，私欲的口子一旦打开，洪水猛兽一般，谁可拦截？羊续深知其中厉害，所以曲突徙薪、防微杜渐，唯恐自己在物欲横流中迷失自我。慎微、慎独，这是古人，尤其是贤德们特别在意与讲求的。

习近平总书记曾说过：“领导干部特别是高级干部必须加强自律、慎独慎微。”党风问题关系党的生死存亡。各级党员干部要把工作做在日常，做到细处，严于自律，加强修养，时刻保持高度警觉，勿以恶小而为之，并在持之以恒的积累中，日臻完善，真正做到“拒腐蚀，永不沾”。党员干部一定要知敬畏、存戒惧、守底线，敬畏党、敬畏人民、敬畏法纪，只有心有所畏，方能言有所戒、行有所止。必须始终绷紧作风这根弦，着眼于“抓常、抓细、抓长”，及时发现苗头性、倾向性、潜在性问题，坚决防止“四风”隐形变异、反弹回潮，不断巩固和扩大党史学习教育的成果。要坚持“正风”，在开口的时候想一想这句话该不该说，在迈腿的时候想一想这个地方该不该去，在伸手的时候想一想这些东西该不该拿，给兴趣爱好加把锁，给工作之余上道杠，给亲情设个“防火墙”，做政治上的“明白人”、经济上的“干净人”、生活上的“正派人”。

整肃风纪、廉洁表率。对于南阳的政风，羊续有清醒的认识。当时的南阳内忧外患、百废待兴，既要整肃政风又要聚众干事，因此对于官员只能教育引导不能全盘否定。据《后汉书》记载，羊续任南阳太守时，不仅个人清廉，还将其推而广之，落到施政范围、工作要求中去，成为为政以德的“大廉”。

习近平总书记强调，“清正廉洁作表率，重点是教育引导广大党员干部保持为民务实清廉的政治本色”，要“清清白白为官、干干净净做事、老老实实做人”。就是及时提醒每位党员干部在新时代摆好自己的位置，明确自身职责操守。落实在具体工作生活中，就是要求党员尤其是领导干部不做“昏官”“懒官”“庸官”和“贪官”，切实做到清正廉洁作表率。信念坚定，思想清醒是清正廉洁作表率之“根”。要对党忠诚，严守政治纪律，增强“四个意识”，坚定“四个自信”，做到“两个维护”。心中有民，为民解忧是清正廉洁作表率之“本”。群众工作事关党的执政根基，要心系群众，做廉洁自律、一心为民的表率。干事尽责，敢于担责是清正廉洁作表率之“基”。要坚持问题导向，积极主动作为，要有“功成不必在我”的境界，不能只想当官不想干事，只想揽权不想担责，只想出彩不想出力。心中有戒，做人清白是清正廉洁作表率之“源”。要做到“心中有戒”“三省吾心”，管好自己的生活圈、交往圈、娱乐圈，强化自我修炼、自我约束、自我塑造，真正做到常修为政之德，常思贪欲之害，常怀律己之心。

16 高洁旷达陶渊明

陶渊明（365—427），字元亮，一字渊明，晚年更名潜，别号五柳先生，私谥靖节，世称靖节先生，浔阳柴桑（今江西九江）人，一作宜丰（今江西宜春）人。东晋末到刘宋初杰出的诗人、辞赋家、散文家，著有《陶渊明集》，是我国第一位杰出的山水田园诗人，是田园诗派的鼻祖，钟嵘在《诗品》中称陶渊明为“古今隐逸诗人之宗”。陶渊明的曾祖父是东晋开国元勋陶侃，功勋卓著，官至大司马；祖父陶茂、父亲陶逸都做过太守。尽管世代为官，但陶渊明清正廉洁，高洁旷达，不攀附权贵，不汲汲于名利。

少年壮志，心怀天下。陶渊明在《自祭文》中曾自述：“自余为人，逢运之贫。箪瓢屡罄，絺绤冬陈。”陶渊明家穷但志不穷，一方面，他学习儒家文化，受传统儒经的影响，他怀有兼济天下的豪情壮志。“忆我少壮时，无乐自欣豫。猛志逸四海，骞翮思远翥”，“少时壮且厉，抚剑独行游。谁言行游近，张掖至幽州”，便是陶渊明踌躇满志，渴望建功立业，报效祖国的豪情壮志的自述；另一方面，他爱好自然，喜爱田园生活。“少无适俗韵，性本爱丘山”，“方宅十余亩，草屋八九间。榆柳荫后檐，桃李罗堂前。暧暧远人村，依依墟里烟。狗吠深巷中，鸡鸣桑树颠”，“种豆南山下，草盛豆苗稀。晨兴理荒秽，带月荷锄归。道狭草木长，夕露沾我衣。衣沾不足惜，但使愿无违”，便是陶渊明爱好自然，享受田园美好生活的自述。

太元九年（384），陶渊明在会稽（今浙江绍兴），出任镇军将军王蕴的参军，时年二十岁。《始作镇军参军经曲阿作》正是对此次陶渊明赴任情形的描述。“弱龄寄事外，委怀在琴书。被褐欣自得，屡空常晏如。时来苟冥会，宛辔憩通衢。投策命晨装，暂与园田疏。眇眇孤舟逝，绵绵归思纡。我行岂不遥，登降千里余。目倦川途异，心念山泽居。望云惭高鸟，临水愧游鱼。真想初在襟，谁谓形迹拘。聊且凭化迁，终返班生庐。”既表现出陶渊明初出茅庐踌躇满志想要干出一番事业的豪情，又表达了他对故乡、对田园生活的不舍与思念。但同年，王蕴去世，渊明归隐浔阳。

不慕权贵，归隐田园。太元十七（392）至十八年（393），陶渊明在浔阳出任江州祭酒。《宋书·陶潜传》载：“（陶潜）寻阳柴桑人也……亲老家贫，起为州祭酒，不堪吏职，少日，自解归。州召主簿，不就。”据此可知陶渊明在担任江州祭酒后不久又辞官回家。陶渊明第三次任官具体内容不详，只知在东晋都城建康任职。

隆安四年（400）弃官，归隐浔阳城。隆安五年（401），陶渊明在江陵入荆州刺史兼江州刺史桓玄幕，同年冬天，遭逢母亲去世，陶渊明返回浔阳城。

约元兴三年（404）夏，陶渊明在荆州出任建威参军。次年（405）三月辞去官职。

义熙元年（405）十一月，陶渊明出任彭泽县令。这是他最后一次做官，那一年，陶渊明已经四十一岁了。某天，县里派督邮到彭泽了解情况。有人告诉陶渊明说要穿戴整齐、恭恭敬敬地去迎接督邮。陶渊明听后哀叹：“我不愿意为了这五斗俸禄，就低声下气地献殷勤。”《归去来兮辞序》载“仲秋至冬，在官八十余日。因事顺心，命篇曰《归去来兮》。乙巳岁十一月也”。由此可知，陶渊明当彭泽县令，因不愿为五斗米折腰，在任八十余日就辞官归隐。

高风亮节，为人赞颂。陶渊明的田园生活也不是一帆风顺的。义熙四年

（408），一场灾祸使得本就不富裕的陶渊明更加一贫如洗。一场大火烧光了渊明笔下的“方宅十余亩，草屋八九间”，全家只能靠救济维持生计。就算如此，他始终不愿再为官受禄，拒绝了朝廷担任著作郎的征召，甚至连江州刺史送来的米肉也坚决不接受。永初三年（422），陶渊明的生活已近绝境，“弱年逢家乏，老至更长饥。菽麦实所羡，孰敢慕甘肥！”正是对生活绝境的描述。

元嘉四年（427），诗人贫病交加，为自己作了三首《挽歌》。同年十一月，陶渊明淡然离世，时年六十三岁。

陶渊明是在贫病交加中离开人世的，他本可以过得比此时舒坦些，但他不愿受“嗟来之食”，他要坚守自己作为君子的人格和气节。他不仅为后人留下了文学财富，也为后人留下了一笔珍贵的精神财富。他的高洁旷达，为后人所传诵。

陶渊明终其一生，总共六出六归，“六出”不仅是心中的踌躇满志，也是迫于生计。而“六归”则是在虚假的官场中，壮志无法施展，不愿再在污浊黑暗的官场中夹缝生存，以及对清静的田园生活的向往。在仕途中，他出淤泥而不染，始终清醒自持，不为五斗米折腰；在归隐后，他简朴淡然，畅游在田园生活中。高洁旷达应是古代为官者追求的高尚品德；鉴古思今，高洁旷达作为一种优秀的品质，应该被发扬光大，世代传承。

宋朝谢枋得在《和曹东谷韵》中曾言：“人生芳秽有千载，世上荣枯无百年。”一个人的品行名声是美好的还是肮脏的，将在历史上流传千百年；而一个人活在世上是荣华富贵还是落寞孤寂都到不了一百年。这具体体现了人生在世名节的重要性，警示人们要保持高洁的情操，爱惜自己的名声。陶渊明正是如此。

出淤泥而不染，不为五斗米折腰。对于官场中的黑暗，拉帮结派，攀权附贵，陶渊明始终坚持“出淤泥而不染，濯清涟而不妖”的初衷，不为五斗米折腰，摒弃功名利禄，始终保持守志不阿的高尚节操。

陶渊明没有一直沉浸在出仕的悲伤中，而是很快地享受起了田园生活。这是一种旷达的人生态度，陶渊明没有把自己的仕途当作人生的全部，而是在追求理想的同时，永远保持一颗享受田园生活的心。这告诉我们一个人无论官职大小，无论仕途是否顺利，都应该清醒自持，旷达乐观；始终明白我们不可能永远地居于同一个职位，同一个领域，世界是永恒变动的，我们只有找到自己内心的精神价值所在，才会成为一个永远具有价值，永远进步的人。到那时，我们才会真正做到进退自如，随风逐梦。

倘若一个人满心满眼只有为官，只有仕途，久而久之，他便会被官场蒙蔽了双眼，在仕途中迷失自我，失去最初为官的意义，甚至误入歧途；这样的人是一个无趣的人，无知的人，他没有丰富的精神世界，一旦出仕，他就会变得惶恐，生命仿佛失去了核心意义。

畅游田园生活，追求淡泊人生态度。陶渊明向往躬耕，从而达到自给自足，并追求心灵的宁静与淡泊。在《桃花源记》中，他描绘了一个乌托邦式的理想社会——在桃花源中生活的是一群普通的人，他们保留了天性的本真与单纯，构成了一个美好的社会。他作诗云："采菊东篱下，悠然见南山。山气日夕佳，飞鸟相与还。""种豆南山下，草盛豆苗稀。晨兴理荒秽，带月荷锄归。"这反映了陶渊明对桃花源这样的理想世界的无限向往之情。

陶渊明对权力有一个澄澈与潇洒的态度，他清晰地知道出世与入世的界限，也知道入世时应该泰然自若地接受并且好好享受当下的生活。他为我们留下的除了不可计数的文化遗产，还有非常珍贵的精神遗产。这种精神遗产既是"结庐在人境，而无车马喧"的宁静，也是"少无适俗韵，性本爱丘山"的恣意，又是"久在樊笼里，复得返自然"的旷达……这种高洁旷达的人生态度让陶渊明活在当下，乐在其中，能让他看见东篱下的菊开菊落，也能让他感受田园生活的恬静淡雅。

古云："达人撒手悬崖，俗子沉身苦海。"世事无常，自然通达之人，能够看破事物的表象，豁然开朗；而执念之人，只能被禁锢在世间的烦恼和困惑之中不能自拔，丧失自我。做最简单真实的自己，不戚戚于贫贱，不汲汲于富贵。若是真的做到如此，是绝不会为世间大多数事物所困惑的。那如何才能做到呢，还是离不开旷达超然的态度。只有以旷达、乐观的心态去正视现实，现实的世界才会越来越开阔。

陶渊明用一生坚守自己作为君子的人格和气节。他的高洁旷达对后世影响深远，为现代为官者冷静自省提供了很好的历史借鉴。当我们拥有旷达的人生态度之后，我们会发现曾经的世界焕然一新；再看曾经纠结执念的事物，会有一种豁然开朗的心境出现。只有在喧闹的尘世中，看破名利，看破得失，放下贪念、执念，才能活得自在，活得安然。

17 直言敢谏魏徵

魏徵（580—643），字玄成，祖籍河北钜鹿下曲阳（今河北晋州），唐代著名政治家、思想家和史学家。魏徵的一生可以分为两个阶段，第一阶段是他默默无闻的读书时期，第二阶段是在乱世之中实现理想抱负时期。隋末战乱频发，魏徵两次投身农民起义的队伍之中，最终归附了唐，在太子李建成手下任职。“玄武门之变”后，李世民赏识其才华，不计前嫌，委以重任。魏徵则直言进谏，直陈主张，辅佐太宗皇帝开创了“贞观之治”的盛世，成为中国历史上最负盛名的谏臣和一代名相。

魏徵年少时其父魏长贤就去世了，魏家的生活状况也因此急转直下。但是在文帝统治时期，社会较为安定，经济也比较繁荣，因此魏徵才得以进行读书和研究学问。文帝死后，炀帝继位。炀帝大兴土木，社会生产遭到严重破坏，最终引发民众不满，导致了农民起义。最初，魏徵选择逃避过一种隐士的生活，然而一段时间后，他不甘心隐居于此，希望实现自己的理想抱负。于是，他选择投奔郡丞元宝藏。后来，魏徵跟随元宝藏归附了李密的瓦岗军。

隋大业十四年（618）三月，隋炀帝被杀。同年五月，李渊称帝，国号唐，建元武德，定都长安。不久，李密的瓦岗军被王世充的军队打败。李密战败后投奔了李渊，魏徵也由此到了长安。随着唐朝统治的日益巩固，太子一派与李世民之间争夺皇位的斗争愈演愈烈。最终，李世民与太子李建成之间爆发了著名的“玄武门之变”，之后，李世民逼迫李渊退位，自己做了皇帝，即唐太宗，年号贞观。李世民早就对魏徵的才能有所耳闻，十分欣赏他的坦率和品格，所以李世民没有记恨魏徵，反而对他加以重用。

推崇节俭，廉洁奉公。太宗即位，百废待举、百乱待治，因此魏徵在这些方面提出多项政治理念。例如，魏徵提出“德礼诚信”是国之大纲。同时大力强调力戒奢侈、不得扰民，把“德”提升到国家层面。他认为乱世刚刚结束，民生凋敝，民众需要休养生息，因此主张崇俭反奢。

选贤任能，布施德政。魏徵提出选贤任能、择优录用的选人用人原则。一个国家能否长治久安的关键就在于官吏的选拔制度是否公平公正，能否选出真正的人才。他认为有能力的帝王，要做到知人善用，有帝王器量。因此，他提出国家“任善人，则国安；用恶人，则国乱”，必须选拔忠诚正直的官员来从政，这样才能实现国家的大治。贞观时期，唐太宗确实任用了一批有才干、有德行的文臣武将，这对于唐初社会的安定、国家的发展起了巨大作用。

秉公执法，公正公开。魏徵提出要依法执政，做到公平公正。所谓“法”，就是法律、法令。魏徵主张刑罚的处置必须有律法作为依据，他强调要依法办事，反对法无定科，反对个人意志影响法的实施，应该说这在当时是很有见地的观点。可以说“法”对保证当时社会的安定起到了积极作用。魏徵对于自己的主张，也是身体力行。

励精图治，敢言直谏。魏徵提出要“兼听则明”，劝君纳谏，自己则犯颜直谏，这是他一生政治活动中最突出的表现，也是最为后人称道的精神。魏徵的进谏与那些阿谀奉承者、追名逐利者的进谏有着明显的区别，他被后人称为“诤臣”，是当之无愧的。他还提出统治者不能大兴土木、滥征徭役，而要减轻赋税，重视百姓的生活，从而促进社会经济的发展。由于以魏徵为首的大臣们的辅佐，以及唐太宗的励精图治，唐朝出现了“大治”的局面，史称“贞观之治”。

贞观十七年（643），魏徵因病去世。唐太宗亲自到他家中吊唁，悲痛万分。太宗评价魏徵道：“夫以铜为镜，可以正衣冠；以古为镜，可以知兴替；以人为镜，可以明得失。”据统计，从贞观元年到贞观十七年为止，十七年间，魏徵对国家和朝廷的各项事务提出了多达两百多条谏言，大大地巩固了唐王朝的统治。在他去世后，唐太宗命人作长孙无忌、魏徵、杜如晦等二十四功臣像置入凌烟阁，称为凌烟阁二十四功臣，魏徵位列第四。魏徵在历史上是一位才能出众的政治家，他具有忧国忧民、直言敢谏的精神；他高瞻远瞩，居安思危，心中常怀忧患意识；他为唐朝国家的统一，社会的发展，以及“贞观之治”的出现做出了巨大贡献。因此，唐太宗这样评价魏徵：“贞观以前，从我平定天下，周旋艰险，玄龄之功，无所与让。贞观之后，尽心于我，献纳忠谠，安国利民，犯颜正谏，匡朕之违者，唯魏徵而已 。古之名臣，何以加也!”

魏徵不仅仅是一位政治家、思想家，也是封建君主制度下的一位诤臣，他的敢言直谏与廉洁自守，千百年来，为传统士大夫传诵不绝。在他的政治生涯当中，不仅留下许多精彩文章、忠诚谏言、光辉事迹，他个人的品质也如明灯一般指引着后世士子。魏徵的治国思想影响深远，其中的许多内容对当今社会依然具有极高的借鉴价值。我国在发展政治生态文明的过程中，需要继承传统士大夫精神，从传统儒家思想中发现古人思想的闪光点，并在当下政治实践当中进行运用，从而推进我国政治建设的发展进程。

居安思危，直言敢谏。直言敢谏的魏徵在中国历史上一直都是士大夫精神的重要代表。儒家传统重视官德修养，尊重社会秩序，寻求内心安定，看重个人品质，在当下社会生活中，魏徵治国理念中的“居安思危”“廉洁自守”等思想依然对人们的社会生活具有指导性意义。在他的政治理念中我们可以学习如何做到居安思危，有备无患，做事情有头有尾，在进行自我反思时常具忧患意识，戒奢戒骄；廉洁自守是领导干部的基本操守，是政治清明的核心要求。魏徵身居高位，颇得唐太宗信任，权柄较大，但他并未因权力而产生贪欲，反而清正廉洁，正己修身。魏徵作为唐朝的重臣，想要过上奢侈的生活比较容易，但他的日常生活并不奢靡，他的葬礼也十分简朴，这种廉洁自守的品质令人钦佩。

修身治国，深化监督。“贞观之治”盛世的出现离不开魏徵对唐太宗的谏言，也离不开唐太宗对谏言的广泛采纳。魏徵认为，只有人人互相监督才能达到政通人和，只有未雨绸缪，及时发现问题、解决问题，才能有利于王朝的发展。对于当今的政治生态而言，中国共产党作为执政党需要建立完善的监督机制，建立有效的协商沟通机制，既有共识，又有监督，才能实现全面深化改革的预期目标。“直言敢谏”不仅体现在营造民主平等的工作关系、民主讨论的政治氛围、民主监督的制度环境上，更体现在中国共产党实现与民主党派之间的配合，展现民主党派参政议政的职能上；“直言敢谏”有利于加强党风廉政建设，从这个层面讲，加强对干部的监督是对干部的爱护，廉洁自守强调的不应该仅仅是个人的作用，更应该做到强化对权力的监督，构建完善的监督体系，充分发挥内部监督和外部监督的作用。

魏徵的思想与言行对后世的政治影响十分深远，其直言敢谏、廉洁自守的品质不仅奠定了“贞观之治”的出现，而且对后世社会影响极大，是中国儒家“修身治国平天下”理想的完美体现。

党的十九大报告中提出：“只有以反腐败永远在路上的坚韧和执着，深化标本兼治，保证干部清正、政府清廉、政治清明，才能跳出历史周期率，确保党和国家长治久安。”因此党和国家的领导干部在工作当中要学习魏徵的优秀品质，既要提高自己勇于接纳人民群众建议的能力，又要做到品格上的优秀；始终保持廉洁的思想意识，坚守初心，为国家与民族的发展复兴担起使命，努力建立磊落坦荡的政治生态，让古代优秀思想在现代绽放新的光彩。

18 以不贪为宝的姚崇

姚崇（650—721），本名元崇，字元之，陕州硖石（今河南陕州）人，祖籍江苏吴兴，是唐朝名相、著名政治家。姚崇五朝为官，三度为相，与房玄龄、杜如晦、宋璟并称“唐朝四大贤相”，拥有“位为帝之四辅，才为国之六翮，言为代之轨物，行为人之师表”的评价。

姚崇出身仕宦家庭，年少时为人豪爽，注重气节，勤习武艺；长大后，姚崇深受母亲影响，注重规矩，好学不倦，最终成为文武全才，为他日后在纷繁的政务里游刃有余奠定了基础。咸亨元年（670），姚崇以孝敬挽郎的身份踏上仕途，开启了他历尽曲折却又波澜壮阔的政治生涯。

圣历元年（698），武则天怀疑周兴、来俊臣主持的刑狱存在冤狱。姚崇敢于直言，指出垂拱以来因谋反罪被处死的人，大多都是周兴等人为方便自己求取功劳而罗织的罪名，并以一家百口人的性命向武则天担保今后朝廷内外大臣不会再有谋反的人。武则天大悦，下决心废除严刑峻法，稳定了武周政局。

公正严明，大公无私。景云元年（710），姚崇与宋璟协力辅佐睿宗，革除武周、中宗时期的弊政，任用忠良，贬黜奸邪，赏罚分明，杜绝请托，使得各项法度重新得到整改，朝野都认为国家复有贞观、永徽之风。

开元二年（714），申王请求将申王府的录事阎楚珪破格提拔为王府参军，玄宗答应了他的请求。姚崇得知后极力反对，认为此举会导致滥官充斥、纲纪败坏的危局出现。在他的努力下，玄宗最终收回成命，从而制止了私人请托的风气。

姚崇拜相后，辅助君王革故鼎新，通过推行社会改革来兴利除弊。他从整饬制度入手，罢去冗职，选用有能力的官员，并抑制皇亲、国戚和功臣的权势，注意发展生产，促进经济，阻止了玄宗即位初期政治混乱，吏治腐败的局势的延续，官场上出现了勤政清廉的好风气，为开元盛世奠定了政治基础和经济基础。

除此之外，姚崇曾在多地就任，他在任期间，政法简肃，吏治清明，得到百姓立碑颂扬。据志书记载，景龙年间（707—710），姚崇任越州都督，离职之时，百姓十里相送，在钱塘江边依依不舍，遥望孤帆远影，众皆号啕大哭。另记，姚崇扬州为官，易地之时，百姓拦道而泣，簇拥马头，遂截留马鞭、马镫作为纪念，留下“截镫留鞭”的美谈。

严于律己，为人勤俭。姚崇生性简朴，一生“以不贪为宝”“以廉慎为师”。即便在唐朝国力达到鼎盛、个人官位达到至极的开元时期，他依然保持“固当耸勤廉之节，塞贪竞之门”的作风，以至于堂堂高官，在京城竟没有住宅，一度寓居在罔极寺中。后来姚崇因疟疾卧床不起，唐玄宗命其搬入四方馆居住，姚崇以四方馆存有官署文书，不是病人居住之地为由，极力推辞。

姚崇晚年时，社会盛行奢华之风，尤其在丧葬礼仪方面。姚崇提倡薄葬，认为“死者无知，自同粪土，何烦厚葬，使伤素业”，并留下遗嘱：“吾亡，殓以常服，四时衣服各一称。性不喜冠衣，毋以入墓。紫衣玉带，足便于体。”并告诫子女切勿大兴佛事，挥霍钱财。此外，他还嘱咐子孙：“汝等身没之后，亦教子孙依吾此法。”

姚崇不仅自身操守清廉，对自己亲属的管束也尤为严格，不仅不允许家属干预政事，更不允许亲属倚仗自己的权势胡作非为。有一次，姚崇在东都洛阳做官的儿子找到父亲早年提携过的官吏，推荐自己的好友，并希望能给予关照。姚崇得知后，不但不包庇自己的儿子，反而严词训斥。鉴于此，为了劝诫满朝文武兼对子孙晚辈，姚崇写下了《辞金诫》《执秤诫》《冰壶诫》等诫文，告诫为官处世之道，这些文章被收录于《姚氏家谱》，也作为家训流传后世。

开元九年（721），姚崇病逝，终年七十二岁，追赠扬州大都督，谥号“文贞”。开元十七年（729），唐玄宗又追赠姚崇为太子太保。后人颂扬他“三朝为宰相，惟奉廉慎为铁则；一生重节操，只将俭约传子孙”。

自省自洁，恪守本分。从生前到身后，姚崇忠实践行了自己的格言：“以不贪为宝”“以廉慎为师”，并以一个政治家的敏锐目光与远见，通过回顾自身经历，总结了历史的经验和教训，为后世留下了宝贵的精神财富。在《执镜诫》中，他告诫为官要“内涵虚心，外分朗鉴”，“如镜之明，断可以平；如镜之洁，断可以决”，倡导自省自洁，恪守本分；在《辞金诫》中，他强调“凡所从政，当须正己；诫往修来，慎终如始”；在《冰壶诫》中，他欣赏君子为官“内怀冰清，外涵玉润”的冰壶之德，批评“当官以害剥为务，在上以财贿为亲”的卑劣行径，提倡“与其浊富，宁比清贫”的价值观，又揭示出贪污腐败的危害，即“岂异夫象之有齿，以焚其身；鱼之贪饵，必曝其鳞”，诸如此类，体现出他出淤泥而不染的道德品格和崇高的思想境界。而其开创的“邪不如正”的为政局面和社会共识，对我们的反腐倡廉和干部队伍建设依然有着深刻的警示与借鉴意义，更加坚定了我们对廉政建设的信心，保持打击反腐败反贪污的动力。

清明廉洁，以史为鉴。姚崇等位居要职之人的崇俭尚廉之风，在当时发挥了极大的表率作用，为“忆昔开元全盛日，小邑犹藏万家室。稻米流脂粟米白，公私仓廪俱丰实”的开元盛世奠定了基础。而后期唐玄宗以李林甫、杨国忠等奸邪之人为相，使得朝政黑暗，作风奢靡，吏治腐败，最终导致“安史之乱”爆发，唐朝至此一蹶不振。由此可见，一个国家的政治是否清明与其命运息息相关。“以古为镜，可以知兴替；以人为镜，可以明得失”，历史的经验教训摆在眼前，我们只有与历史同步伐、与时代共进步，才能开创中华民族光明的未来。

古人云：“公生明，廉生威。”自古以来，无论历史如何变迁，时代如何发展，廉政始终关系着一个国家的建设与发展；“有公德乃大，无私品自高”，“水不流则腐，官不廉则败”等名言警句，也体现着人民群众对廉政建设的殷切期盼。眼观当下，中国的综合国力蒸蒸日上，正处于实现中华民族伟大复兴的历史性转折点，但也面临着更大的挑战与风险，只有打好牢固的根基才能不被巨流冲垮。在这样的环境下，廉政建设具有非同一般的历史意义，甚至关乎国家的生存与否。中国共产党作为执政党，面对贪污腐败零容忍，严打击。长期以来，我党始终坚持“德才兼备、以德为先”的用人标准，弘扬“清如秋菊何妨瘦，廉似梅花不畏寒”的精神品质，提出要积极继承和发扬中华优秀传统中的廉政文化，要求执政者具备极高的道德修养。党的十八大以来，习近平总书记发表的一系列讲话中的其中一条就是“坚持以零容忍态度惩治腐败”，只有严抓狠打贪污腐败，积极提倡廉政建设，才能从根本上解决腐败问题的存在。因此每位党员干部应积极响应号召，不忘为人民服务的初心，牢记使命，在经济飞速发展与繁荣的今天，面对金钱与权力的诱惑，能够做到慎独、慎微、慎初，守住应有的底线，不负党和人民的期盼，做到一心为民，当人民的公仆，努力成为勤政廉政的表率。

《论语·为政》载：“为政以德，譬如北辰，居其所而众星共之。”强调道德对政治生活的重要作用，主张以德治国，要求为政者要具备一定的道德素质，廉政文化就是从儒家经世济民的思想中演变而来。廉政文化作为中华优秀传统文化的重要组成部分，具有强大的生命力，为中华民族的生存与发展提供了源源不断的动力。廉政建设，要求每一位党员始终具备良好的道德素养，要不断地自我反思与总结，通过弘扬姚崇“以不贪为宝”“以廉慎为师”的思想，有利于保持党的先进性和纯洁性，形成以廉为荣、以贪为耻的良好社会氛围，为建设富强、民主、文明、和谐、美丽的社会主义现代化强国和实现中华民族伟大复兴提供坚实的思想基础与人才基础。

19 “忧乐天下”范仲淹

范仲淹（989—1052），字希文，祖籍邠州（今陕西彬州），后移居苏州吴县，是北宋时期杰出的政治家、文学家。范仲淹文武兼备、智谋过人，无论在朝主政、外出戍边，均系国之安危、时之众望于一身。他对某些军事制度和战略措施的改善，使西线边防稳固了相当长时期；在担任地方官时，他也殚精竭虑，鞠躬尽瘁；他倡导的“先天下之忧而忧，后天下之乐而乐”思想和仁人志士节操，对后世影响深远。

刚毅不屈，心怀天下。范仲淹幼年生活贫困，两岁时父亲去世，母亲改嫁长山朱氏，遂更名朱说。长大后，范仲淹得知自己的身世，伤感不已，毅然辞别母亲，前往南都应天府求学，投师戚同文门下。《宋史》记载其“冬月惫甚，以水沃面；食不给，至以糜粥继之，人不能堪，仲淹不苦也”。数年寒窗苦读，不仅使范仲淹博通儒家经典的要义，还塑造了他清心寡欲，刚毅不屈的性格。大中祥符八年（1015），范仲淹进士及第，从此踏上了实现其宏大抱负——慷慨兼济天下的征程。

为官清廉，一心为公。从政为官期间，范仲淹一直心怀社稷，廉洁奉公，世人称其为“五胆忠臣”。天圣六年（1028），范仲淹向朝廷上书万言的《上执政书》，请求挑选郡守，选举县令，斥退游荡懒惰的官吏，辞去多余且不称职的人，谨慎选举。在此期间，范仲淹又建议朝廷不可罢免职田，认为“官吏衣食不足，廉者复浊，何以致化”。明道二年（1033）七月，天下大旱，蝗灾蔓延。范仲淹应诏赈灾，开仓济民，并将灾民充饥的野草带回朝廷，以警示六宫贵戚戒除骄奢之风。景祐二年（1035），范仲淹在京城大力整顿官僚机构，剔除弊政，开封府“肃然称治”，时称“朝廷无忧有范君，京师无事有希文”。景祐三年（1036），为了彻底揭露吕夷简等人任人唯亲、朋比为奸的做法，范仲淹深入调查，掌握了大量证据，疏奏给宋仁宗。并将吕夷简结党营私，提升贪官污吏的情况，绘成《百官图》呈献给皇帝。之后，范仲淹又先后为皇帝写了《帝王好尚论》《选任贤能论》《近名论》《推委臣下论》四论。这一做法很好地治理整顿了当时朝政存在的腐败问题。庆历三年（1043），范仲淹因在抵抗西夏入侵中立下大功，被调回京师任参知政事，并开始进行改革，史称“庆历新政”。其中择长官是这次改革的重点，他采取职能业绩评定和群众评议的办法，对重要岗位的官吏进行了任职考核，很快一些庸碌、无能、腐败的官吏被罢免，一些主事刻薄、搜刮民财的贪官污吏被整治。特别是对那些具有皇亲国戚背景的官吏，范仲淹也是只管政绩不重关系，该撤的撤，该查的查；对精明能干、正直清廉的官吏，只要是克己奉公者都提拔到重要位置。一时间官场风气大变，由污浊转向清明。此外，为保证官吏正确使用权力，他还上奏朝廷制定了官吏考核办法，为仁宗时期的国富民强奠定了基础。“庆历新政”虽只推行一年，却开北宋改革风气之先，成为王安石“熙宁变法”的前奏。

勤俭节约，注重教育。即使官位渐高、日渐富贵后，范仲淹仍一如既往地教育子孙要“知节俭，莫贪富贵”。在日常生活中，若不是招待宾客，不吃两种以上的肉食；妻子儿女的衣食，仅仅能自给。晚年时，范仲淹还在乡里设立义庄、建义学，对范氏远祖的后代子孙义赠口粮，对族中子弟实行免费教育，激劝“读书之美”，并资助婚丧嫁娶等用度，培养出一批优秀的士子。同时，他还不断教导后辈，不仅要“慎末防微”“各宜节俭”，而且要“清心做官，莫营私利”。在这样一种家风的熏陶下，长子范纯祐随同父亲防御西夏，屡立战功；次子范纯仁后任宰相；范纯礼、范纯粹为官也都以清正廉洁著称。

皇祐四年（1052），范仲淹改知颍州，在扶疾上任的途中逝世，终年六十四岁。宋仁宗亲书其碑额为“褒贤”，谥号“文正”，世称范文正公。后人毕瑜曾评价范仲淹：“先天下忧，后天下乐，出则泽被生民，入则风生台阁，侃侃封章，天子动容，凛凛甲兵，西贼胆落。呜呼！休哉，千百世之下，闻公之风，诚足以廉顽而敦薄。”

范仲淹一生忧国忧民，疾恶如仇，以天下为己任，其光辉形象一直存在于历史长河当中，不仅影响了当时，其“忧乐天下”的民本思想更是成了后世的典范。范仲淹的忧，在于忧国忧民，他一生仕途不顺，多次被贬，但他在任期间，整顿吏治，罢免贪官，敢于对腐败问题提出解决方案，他主持的“庆历新政”虽然时间不长，却为北宋的国富民强奠定了坚实的基础，让人肃然起敬。范仲淹“先忧后乐”的忧乐思想为其一生“兼济天下”“以民为本”的真实写照，表现出了悲天悯人的大爱情怀，也是其民本思想的核心所在。

以民为本，心忧天下。范仲淹“先天下之忧而忧，后天下之乐而乐”实际上体现了其忧国忧民的忧患意识，这是中国传统文化的精髓。“忧思可以使人生存发展，安乐可以使人沉沦死亡”，人类社会的每一次进步和发展来源于强烈的忧患意识。忧乐思想不是悲观主义，不是厌世主义，而是出于社会责任感对现实环境的理性思考。这种为中华民族整体前途命运的忧虑，成为中国现代化建设的思想动力；这种忧国忧民的博大情怀，以实际行动关心和推动国家进步和社会发展。因此，在实现中国梦的历史征程中，习近平总书记提出中国共产党人和中国人民要树立强烈的忧患意识，确立责任担当意识，是具有独特的历史眼光和深刻的现实意义的。

当今中国正处于转型发展的关键时期，社会经济迅速发展，各方面的物质条件逐步改善。但是国际形势复杂多变，世界多极化趋势明显，霸权主义、强权政治仍然存在。弘扬新时代“先忧后乐”精神，就是要以习近平新时代中国特色社会主义思想为指引，增强“忧患意识”，坚持“底线思维”。深刻认识和准确把握外部环境的深刻变化和我国改革发展稳定面临的新情况新问题新挑战，提高防控能力，着力防范化解重大风险，保持经济持续健康发展和社会大局稳定，为决胜全面建成小康社会、夺取新时代中国特色社会主义伟大胜利、实现中华民族伟大复兴的中国梦提供坚强保障。

忧国爱民，廉洁奉公。“先忧后乐”体现了忧国爱民的民本思想。基于对国家和人民的高度责任感为前提，始终把国家兴亡、民族振兴和百姓疾苦放在第一位来考虑。习近平总书记指出，我们党来自人民、植根人民、服务人民，党的根基在人民、血脉在人民、力量在人民。弘扬新时代“先忧后乐”精神就是要树立“以人民为中心”的发展理念。

我们看到，面对突发新冠肺炎疫情，各级党委和政府、政府各部门各单位闻令而动，全国农村、社区、企业、医疗卫生机构、科研机构、学校、军营各就各位。我们举全国之力，仅用10多天时间先后建成火神山医院和雷神山医院，大规模改建16座方舱医院，调集346支国家医疗队、4万多名医务人员及最急需的资源、最先进的设备千里驰援，实施规模空前的生命大救援。2020年9月8日，习近平总书记在全国抗击新冠肺炎疫情表彰大会上讲到：“在保护人民生命安全面前，我们必须不惜一切代价，我们也能够做到不惜一切代价。”生命至上，正是集中体现了中国人民深厚的仁爱传统和中国共产党人以人民为中心的价值追求。

党员领导干部就应当学习范仲淹忧乐天下、廉洁奉公的作风，以忧乐思想和社会主义核心价值观为思想基础，做洁身自好，勤政爱民，吃苦在前，享乐在后的“人民公仆”。党员领导干部在想问题、做决策、办事情时都要站在群众的立场上，通过各种途径了解群众的想法和要求、意见和建议，真抓实干解民忧、纾民怨、暖民心。要用自身的清正廉洁带出好家风、好作风，从而促进社会廉洁风气的巩固与发展。

20 铁面无私包拯

“龙图包公，生平若何？肺肝冰雪，胸次山河。”这是宋代《题包公遗像》中对包公的评价——心似雪净，胸怀国家。

包拯（999—1062），字希仁，庐州合肥（今安徽合肥）人，北宋著名政治家，以清廉刚正闻名于世。他廉洁公正，刚直不阿，铁面无私，英明决断，替百姓申不平。而且他不畏权贵，极力主张“天子犯法与庶民同罪”，拯万民于水火之中，实乃一大善人，故有“包青天”之名。世人凡见官吏“有玷缺者，必曰：‘有包弹矣。’”宋仁宗赵祯评价他：“包拯公而忘私，不邀阴幸也。”

父母为上，以孝为先。包拯从小接受良好的儒家教育，是出名的大孝子，天圣五年（1027）考取进士，被任命为大理评事、建昌县（今江西永修）知县，因父母年事已高，包拯辞官没有赴任。改任为和州（今安徽和县）监税，又因父母不愿离开老家，包拯就辞去官职，回家赡养父母。父母去世后，包拯直到守丧期满还不愿离去，最终在乡里友人的劝勉之下重登仕途。

为官清廉，不畏强权。庆历元年（1041），包拯被提拔为大理寺丞、端州（今广东肇庆）知府。当时端州特产——端砚是宋朝士大夫最珍爱的雅器，每年向朝廷进贡。凡在这里做官的官员，都在“贡砚”规定的数量外加征几十倍的数额以贿赂朝廷权贵，此举加重了老百姓的负担。包拯一上任就高调破除这一运行多年的潜规则，下令只能按规定数量生产端砚，州县官员一律不准私自加码，违者重罚。他还表态自己决不要一块端砚，此举在当地掀起轩然大波。三年后，包拯任期满，被调至朝廷任职，果然“岁满不持一砚归”，没拿一方砚台回家。

庆历四年（1044），包拯被任命为监察御史及知谏院，为肃正纲纪，惩处贪官污吏，他多次弹劾皇亲国戚、权贵大臣，其中影响最大的是弹劾王逵。当时，王逵担任荆湖南路转运使，横征暴敛，拼命剥削和压迫百姓，逼得百姓逃亡山中，激起民变。面对民变，他不是采取积极措施抚慰民心，改正自我，而是派兵镇压，滥用酷刑，残害生命。后来，他调任江南西路转运使，还是继续残害、压榨百姓。包拯访问到这些情况，气愤至极，立即上书两道奏疏弹劾王逵。这两道奏疏呈上后，因王逵与宰相陈执中、贾昌朝关系密切，又得宋仁宗青睐，朝廷并没有罢免王逵的官职，继而又调他做了淮南转运使。包拯坚决反对朝廷这种做法，又上第三道奏疏，进行弹劾。包拯又了解到王逵在担任江南西路转运使的时候，派兵镇压民变，滥用酷刑，惨遭其杀害者不计其数。包拯又接连上了四道奏疏弹劾王逵。他义正词严地责问朝廷：“难道朝廷忍心让一个地区的百姓听任王逵去残害吗？”在包拯的七次弹劾下，最终，宋仁宗不得不免去了王逵的官职。除了王逵，还有张贵妃的伯父张尧佐。张尧佐无德无才，只因是皇亲国戚，一年之内被提拔重用连升四次，身兼吏部流内铨、三司户部判官等四大要职。包拯认为宋仁宗提升张尧佐是任人唯亲，不合大宋法度。于是，他一连上书五道奏疏，弹劾这个既有后台又有权势的皇亲国戚。在宋仁宗多次下旨任命张尧佐时，包拯不顾自身安危，挺身直谏，且在朝堂上与宋仁宗当面争吵，高声道：“难道陛下愿意不顾民心向背么？臣既为谏官，岂能自顾安危而不据理力争？”宋仁宗见包拯这么执着，众大臣又纷纷襄赞，非常生气，可是又没有合适的理由反驳，只好作罢。

公正无私，大义灭亲。至和二年（1055），包拯在庐州府任知州时，他的一个亲戚触犯了法律，包拯依法定罪处理，照例当堂打他一顿板子。有些倚仗包拯胡作非为的亲友，在此事之后，收敛甚多，再也不敢为非作歹了。因为包拯铁面无私，任何皇亲国戚、权贵大臣，都没有办法在包拯那里走门路，通关节，所以，京城就流传有“关节不到，有阎罗包老”的谚语。这句话有两种解释：一是说打官司若没钱疏通关节，就去找包公申诉；二是说拉关系、打通关节的事，根本到不了包公那里。无论哪种解释，其意都是赞颂包公为官刚正清廉，铁面无私。

嘉祐七年（1062）五月二十五日，包拯因患病于开封去世，终年六十四岁。宋仁宗亲自到包拯家中吊唁，并宣布停朝一天以示哀悼，追赠其为礼部尚书，赐谥号“孝肃”。

包拯 30 余年的从政生涯中，有大部分时间是在直接掌管司法刑狱的御史台或谏院工作的，刚正不阿的执法、司法促成了其法治思想与智慧的形成，并且指导于他的从政实践。包拯用一生奉行以民为本、整顿吏治、严格法纪的廉政思想，包括选拔官吏要公平公正；官员考核应以德才为主；而对待贪官污吏则要严厉惩处等内容。其中，包拯独到的吏治思想为当下公务员的选拔与培训提供了思考，同时也为新时代的反腐败斗争提供了历史借鉴。

任人唯贤，以德选官。包拯在一生仕途中坚定当朝为官者须德行兼备的理念，认为“廉直退让有才之士”，即品德和才能是合格官员的基本要素。他曾多次强调官吏对于国家统治的重要性，即官吏队伍的整体素质也反映了国家的实力。包拯曾在上奏中建议改进科举取士和荫补录取方式，最终目的是选拔具有真才实学、德才兼备的官员，而且其选拔的程序要保证公平公正。

当下，我国的公务员录用考试在秉承“公开、平等、竞争、择优”，坚持“五湖四海、任人唯贤”的同时，也要大力推进公务员录用考试相关法律制度建设，建立专门的公务员录用管理机构。完善公务员录用资格条件、笔试面试规范、公务员录用体检规范，建立完善的监督体系和程序，加强各种方式的监督，防止徇私舞弊。

同时，要按照习近平总书记提出的“信念坚定，为民服务，勤政务实，敢于担当，清正廉洁”的新时代好干部标准，加强党政干部队伍建设。如以红色资源为基础，加强干部教育培训中的党性教育和理想信念教育；在任职、晋升方面，要把日常考核和在职考核结合起来，实行民主推荐和测评；

坚决杜绝贿选拉票、违规行事及懒政不作为；在履职用权方面，要在党委领导下制定权力清单与运行程序，以便于纪检机构、国家机关特别是监察、检察和司法机构及全社会的广泛监督。

弹劾赃吏，严惩贪污。千百年来，包拯被民众盛赞为"包青天"，主要是由于他执法严厉，铁面无私，刚正不阿，赏罚分明。他不仅向君主弹劾过重臣，民间流传的故事中，还说他曾判决驸马爷陈世美、亲侄包冕等死刑。在后世整理的《包拯集编年校补》中，由他处理的各类违法犯罪官员共64人。

包拯在廉政实践中，十分重视法律的作用。他指出："法令者，人主之大柄，而国家治乱安危所系焉。"同时，他认为法制不能仅滞于纸面上，它的生命在于实施，即"发号施令，在乎必行"。在依法治国逐步深入人心的今天，习近平总书记强调："要善于用法治思维和法治方式反对腐败，加强反腐败国家立法，加强反腐倡廉党内法规制度建设，让法律制度刚性运行。"因此除国家法律之外，中共中央还先后制定"八项规定"和《中国共产党廉洁自律准则》《中国共产党纪律处分条例》等规范性文件作为反腐依据。

党的十八大以来，党中央依纪依法严惩违纪违规行为和腐败分子，全国纪检监察机关立案审查的案件达到385万件，查处408.9万人，374.2万人受到党纪政务处分。我国反腐败斗争态势良好，但仍然面临着严峻的问题——反腐败机制不够完善，反腐败重点不够明确等。正如中央指出的那样，腐败是种顽疾，因而反腐斗争仍然是长期、艰巨与复杂的。对于新时代的反腐败斗争，要继续完善立法体系，以更加严格的规范性、禁止性法律条文约束官员行为；关注重点领域的腐败问题，聚焦易滋生腐败、金钱流动大的领域和环节；用职责更加明确、职能更加高效的专门监督机构监督官员行为，重点查处党的十八大后仍然顶风违纪，问题反映集中、群众反映强烈、社会危害性大的领导干部；完善群众监督制度，让人民群众有途径、有方式、有可能性去检举揭发贪污腐败行为并且保护好检举揭发人的隐私及安全，让权力在阳光下行使。

21 两袖清风于谦

于谦（1398—1457），字廷益，号节庵，官至少保，世称于少保 ，汉族，浙江杭州府钱塘县（今浙江杭州）人。明朝大臣、民族英雄、军事家、政治家。

一心为民，两袖清风。于谦一生为官清廉，不贪不敛，上不攀附权贵，下不卖官鬻爵，既不请客送礼，更不贪污受贿。他 17 岁时创作了脍炙人口的《石灰吟》："千锤万凿出深山，烈火焚烧若等闲。粉骨碎身浑不怕，要留清白在人间。"这是他对自身廉洁奉公的期许。于谦在明永乐十九年（1421）中进士，后任山西道监察御史。永乐二十一年（1423），他奉命出巡湖广，考察官军功过，又到川贵边境招抚流移。他微服私访，详察民隐，在为数百人江西昭雪冤狱，斥革犯法王府官员 15 人，一时威震府县。在川贵边境，他察知边将胡作非为，"邀功妄杀"，就如实揭发，加以惩处，兴利除弊，政誉卓著。宣德三年（1428），受都察院右都御史顾佐的荐举，任江西监察御史。两年后，调任兵部右侍郎兼都御史，巡抚山西、河南等地。在任19年间，他兴修水利、筑路铺道、植树挖井、贷粮济贫、施药救难等，政绩颇大。他屡屡上书为民，当时内阁三学士杨荣、杨溥、杨士奇佐政，政清治正，凡于谦所奏，都一一允准。“三杨”去世后，太监王振开始掌权，作威作福，肆无忌惮地招权纳贿。文武百官争相献金求媚。每逢朝会期间，进见王振者，必须献纳白银百两；若能献白银千两，始得款待酒食，醉饱而归。而于谦每次进京奏事，从不带任何礼品。有人劝他说：“您不肯送金银财宝，难道不能带点土产去?”于谦潇洒一笑，甩了甩他的两只袖子，说：“只有清风。”他还特意写诗《入京》以明志：“绢帕蘑菇与线香，本资民用反为殃。清风两袖朝天去，免得闾阎话短长。”后来于谦官至宰相，自己的生活仍然简单俭朴，所居住的房子仅仅能够遮挡风雨。明代宗赐给他西华门的府第，他推辞说：“国家多难，臣子怎么敢自己安居。”坚决推辞，明代宗不准。于是他把玺书、袍服、银锭之类明代宗前所赏赐的物品全部封好写上说明放到那里，每年去看一看罢了。后来“夺门之变”，明英宗复位，于谦蒙冤被杀，到抄家的时候，家里没有多余的钱财，只有正屋关锁得严严实实。打开来看时，里面只有明代宗赐品，原封未动。

忠心义烈，救时宰相。“忠心义烈，与日月争光”这是明史中对于于谦的评价。他曾经力挽狂澜，将整个大明朝的历史延续了200年。正统十四年（1449）七月，瓦剌首领也先大举进犯，王振怂恿明英宗亲征。于谦和兵部尚书邝埜极力劝谏，但明英宗不听。邝埜跟随明英宗管理军队，留于谦主持兵部的工作。待到英宗在土木堡被俘，京师大为震惊，大家都不知道该怎么办。此时郕王监国，命令群臣讨论作战和防守的方略。侍讲徐珵（即徐有贞）说星象有变化，应当迁都南京。于谦厉声说：“提议南迁的人应当斩首。京师是天下根本，只要一动便大事去矣。难道不见宋朝南渡的故事吗?”于谦力主抗战，得到吏部尚书王直、内阁学士陈循等爱国官员的支持。郕王肯定了他的说法，防守的决策就这样定下来了。当时京师最有战斗力的部队、精锐的骑兵都已在土木堡失陷，剩下疲惫的士卒不到十万，人心惶惶，朝廷上下都没有坚定的信心。大臣们担忧国家没有君主，太子年幼，敌寇将至，请皇太后立郕王为皇帝，郕王再三推辞。于谦大声说：“我们完全是为国家考虑，不是为个人打算。”郕王于是受命。九月，郕王即帝位为代宗，于谦进去回答问话，情绪激昂地哭着说：“敌寇得意，要挟持扣留太上皇，这样形势下他们必然轻视中国，长驱南下。请命令各边境的守臣竭力防守遏制。京营士兵的器械快要用完了，需要马上分道招募民兵，令工部制造器械盔甲。派遣都督孙镗、卫颖、张轨、张仪、雷通等分兵据守九门重要的地方，军队驻扎在外城的外面。都御史杨善、给事中王竑亦参与这些事，迁徙外城附近的居民进入城内。储存在通州的粮食，令官军自己去支领，用装足的米作为酬劳，不把粮食留给敌人。文臣像轩輗这样的人，应该用为巡抚。武臣像石亨、杨洪、柳溥这样的，应该用为将帅。至于军队里面的事情，我自己承担，没有成效就判我的罪。”对他的意见，明代宗全都认真地接纳了。在北京保卫战的一个月中，于谦临危受命，执掌兵部，成为处于危难之际的明朝的中流砥柱，他日夜操劳，常常长叹：“此一腔热血，竟洒何地!”他殚精竭虑于刷新内政、整顿军队、巩固边防，拒绝求和，大败瓦剌，夺回瓦剌所掳百姓万余人，终于挽狂澜于既倒，赢得了抗击瓦剌的胜利，避免了国家的分崩离析，使千万生灵免遭涂炭。于谦在大敌当前之际表现出的大无畏气概，感染和激励了所有人，在这场保卫战中，于谦成了所有军民的精神支柱。

提起于谦，人们自然就会想起他那首著名的《石灰吟》，于谦的一生，正如诗中的石灰一般，历尽各种磨难，却忠心不改，最终在史书中留下清白的美誉。

勇于担当，肩负责任。担当，是一种义务，是每个人内心对自己的严格要求。担当是一种精神，是每个人内心深处的光明灵魂。担当是一种品质，是每个人生活的道德标准。土木堡一战，明军主力几乎全军覆没，京城顿时大乱，人心惶惶，关键时刻只有于谦挺身而出，反对南迁，全权负责抗战事宜。在社稷蒙难之时，临危受命的于谦严阵以待，诛杀奸臣、拥立新君，担负起保家卫国的重任，不但迅速稳定了局面，还一举击溃了敌军，救万民于水火。正是于谦这种危急时刻冒着杀头、灭族的风险，敢于担当、肩负责任的大无畏精神才挽救了大明朝，改变了历史的走向。“千锤万凿出深山，烈火焚烧若等闲。粉骨碎身浑不怕，要留清白在人间”正是于谦敢于担当的写照。历史上勇于担当的人物并不在少数，在危急关头把个人安危置之度外，首先想到的是国家和老百姓的利益，这种精神正是我们这个时代所需要的。我们每一个人在社会上都扮演着不同的角色，每个角色都需要担负相应的责任。只有人人都具备担当精神，事不避难、义不逃责，整个社会才将充满正能量，国人才能团结一致，国家才能保持战斗力，在实现中华民族伟大复兴的征途上向着一个又一个目标勇毅前行。

一心为民，苦干实干。一心一意为老百姓谋福祉，就是以民为本，就是心系百姓。用今天的话来说，就是为人民服务，具有强大的力量。在于谦被任命为河南、山西巡抚之时，他轻装骑马走遍了所管辖的地区，考察到当时各项应该兴办革新的事务，便立即上奏朝廷并采取措施。当地水旱灾害频繁，他发扬务实精神，亲自上阵治理河道，水患严重时他到重灾区巡视河岸，农闲时他率领军民修堤筑坝。经过这些历练，他完成了从文人到实干家的蜕变。他的伦理道德观念不再建立在虚无缥缈的文字上面，而是真正做到了“民本思想”的知行合一。正如孙中山先生曾言：“要立志做大事，不要立志做大官。”做事与做官的关系绝不能被颠倒，做官只是载体，做事才是目的。俗话说：“说一千，道一万，不如‘两横一竖’一个‘干’。”一切办法，只有在实干当中才能找到；一切问题，只有在实干当中才能解决。《长歌行》中讲“少壮不努力，老大徒伤悲”，新时代的青年一定要勤奋苦干，相信天道一定会酬勤。在具体实践中，坚持在自己的能力极限上做事，抓紧每一天，干好每件事，超越自我，实现精彩的人生。

功高不居，清正节俭。清廉是一种永恒的信仰，一种强大的力量，一种人性的光辉。十几年如一日造福一方百姓的于谦，自己却一贫如洗，两袖清风。安于清贫，不仅是道德层面的自律，更是对百姓每时每刻细微的体恤和怜悯。追溯历史，清正廉洁一直都是治国理政的根本，不止感于皇帝的知遇之恩，也不止出于为官事业的抱负，更是为百姓谋福祉的内在情怀和毕生志向。百姓的喜怒哀乐、百姓的温饱饥寒，都能在他们的心中激起涟漪，这是中国历史上所有清官最好的写照。现今，物欲横流现象时有抬头之势，一时清廉易，一世清廉难，修身廉洁有时已被利欲、名利、金钱抛之脑后。但须知清廉是不能有一点微小的隐患的，一旦开始如果不给予足够的重视和警醒，就一定会后患无穷。党的十八大以来，中纪委“打虎”“拍蝇”，以雷霆之势整治顽疾，八项规定影响深远。作为领导干部，在实际工作中就要防微杜渐，严守清廉的底线，更高要求自己，更严对待自己，做到“不忘初心，牢记使命”，“常怀敬畏，守住底线”。

沧海横流，浮华散去，于谦留给我们的是“此一腔热血，竟洒何地”的凌云壮志，是“粉骨碎身浑不怕，要留清白在人间”的坚贞气节，是“清风两袖朝天去，免得闾阎话短长”的官箴官鉴，这笔宝贵的精神遗产将永久地绽放耀眼光芒。

22 明代青天海瑞

海瑞（1514—1587），字汝贤，号刚峰，海南琼山（今海南海口）人。明朝著名清官。

清正廉明，打击贪官。嘉靖二十八年（1549），海瑞参加乡试中举，初任福建南平教谕，后升浙江淳安和江西兴国知县，推行清丈、平赋税，并屡平冤假错案，打击贪官污吏，深得民心。隆庆三年（1569）夏，海瑞升调右佥都御史（正四品），外放应天巡抚。辖区包括应天、苏州、常州、镇江、松江、徽州、太平、宁国、安庆、池州十府及广德州，多为江南富庶的鱼米之乡。属吏害怕海瑞的威严，很多贪官污吏自动辞职。有些显赫的权贵把门漆成红色的，听说海瑞来了，都改漆成黑色的。宦官在江南监督织造，见海瑞来了，就减少车马随从。海瑞兴利除害，请求整修吴淞江、白茆河，通流入海，一方百姓得到了兴修水利的好处。海瑞早就憎恨大户兼并土地，全力摧毁豪强势力，推行“一条鞭法”，安抚穷困百姓。贫苦百姓的土地有被富豪兼并的，大多夺回来交还原主。海瑞深受百姓的爱戴，人们叫他“海青天”。按照当时明朝官场的风气，新官到任，旧友高升，总会有人来送些礼品礼金，以示祝贺。这些礼品礼金只要数额不大，也是人之常情。然而海瑞公开贴告示说“今日做了朝廷官，便与家居之私不同”，然后把别人送的礼品一一退还，连老朋友贺邦泰、舒大猷远道送来的礼品也不例外。至于公家的便宜，他更是一分也不占。海瑞临终前三天，兵部送来的薪俸多出七钱银子，他还算清退回。病危之际，他没有一句话谈及身后事。病逝后，佥都御史王用汲去看望、清点遗物，只有银子十多两、几件破旧的衣袍、一床粗麻蚊帐、一个破箱笼及绫绸、麻布各一匹。得悉海瑞病逝的消息后，南京百姓闭市数天以悼念。朝廷追赠海瑞为太子太保，谥“忠介”，并派其同乡许子伟护送灵柩回海南。灵柩离开南京时，老百姓沿路哭送。

不畏权贵，刚正不阿。明嘉靖年间，海瑞任淳安县令，不畏权贵。在严嵩掌权的日子里，别说是严家父子，就是他们手下的同党，也没有一个不是倚官仗势，作威作福的。上至朝廷大臣，下至地方官吏，谁都让他们几分。海瑞的顶头上司浙江总督胡宗宪，是严嵩的同党，仗着他有后台，到处敲诈勒索，谁敢不顺他心，就该谁倒霉。有一次，胡宗宪的儿子带了一大批随从经过淳安，住在县里的官驿里。要是换了别的县份，官吏见到总督大人的公子，奉承都来不及。可是在淳安县，海瑞立下一条规矩，不管是大官还是贵戚，一律按普通客人招待。胡宗宪的儿子平时养尊处优惯了，看到驿吏送上来的饭菜，认为是有意怠慢他，气得掀了饭桌子，喝令随从，把驿吏捆绑起来，倒吊在梁上。驿里的差役赶快去报告海瑞。海瑞知道胡公子招摇过市，本来已经感到厌烦；现在这位胡公子竟吊打起驿吏来，海瑞就觉得非管不可了。海瑞听完差役的报告，镇静地说：“总督是个清廉的大臣。他早有吩咐，要各县招待过往官吏，不得铺张浪费。现在来的那个花花公子，排场阔绰，态度骄横，不会是胡大人的公子。一定是什么地方的坏人冒充公子，到本县来招摇撞骗的。”说着，他立刻带了一大批差役赶到驿馆，把胡公子和他的随从统统抓了起来，带回县衙审讯。一开始，那个胡公子仗着父亲的官势，暴跳如雷，但海瑞一口咬定他是假冒公子，还说要把他重办，他才泄了气。海瑞又从他的行装里，搜出几千两银子，统统没收充公，还把他狠狠教训一顿，撵出县境。等胡公子回到杭州向他父亲哭诉的时候，海瑞的报告也已经送到巡抚衙门，说有人冒充公子，非法吊打驿吏。胡宗宪明知道他儿子吃了大亏，但是海瑞信里没牵连到他，如果把这件事声张起来，反而失了自己的体面，就只好打落门牙往肚子里咽了。

海瑞背纤和海瑞罢官是两个在民间广为流传的故事。国公张志伯奉旨巡察各省，倚仗权势，贪赃枉法，引起百姓怨恨。海瑞劝农归来，张志伯的亲信差官张彪来至县衙，强索赊银万两，海瑞拒绝，反将张彪棍责逐出。张志伯闻报大怒，至淳安向海瑞责问，海瑞反据理向张算账，指斥其贪赃枉法，张志伯大窘，临行索要纤夫400名再作刁难。海瑞因农忙，不愿扰害百姓，就亲自率领衙役背纤，张志伯恐因此引起民愤，狼狈而去。原任内阁首辅徐阶的第三子徐瑛霸占民田，鱼肉乡里，强占民女赵小兰。小兰母亲洪阿兰告状，华亭县令王明友受贿，杖毙小兰祖父。应天巡抚海瑞微服出访，路遇洪阿兰，查明真相，判处徐瑛、王明友死罪，饬令退田。徐阶买通太监和权贵，妄图罢免海瑞，推翻定案。海瑞识破奸计，断然处斩二犯，然后交出大印，慨然罢官归里。

海瑞一生，历正德、嘉靖、隆庆、万历四朝。为官期间，他打击豪强，惩治贪官污吏，推行"一条鞭法"。在混沌官场，他秉持初心，刚正不阿，清廉正直，不愧"海青天"之称。

正身律己，扬清风正气。东汉荀悦曾言："善禁者，先禁其身而后人；不善禁者，先禁人而后身。"为官者，应当以律法约束自身，这既是一种领导方法，更是一种为官之德。所谓正人者，只有先正己，才能令行禁止。也一如孔子所言"其身正，不令而行；其身不正，虽令不从"。为官者，应当以身作则，以自身为众人之表率，充分发挥模范的辐射作用，以上率下，真正深入贯彻廉政建设。海瑞作为明代青天，在其为官生涯之中，坚持本心，以廉洁清明为坚持。工作上，他为人清廉，在不良风气横行的官场之上，将清正廉明贯彻到底，从不接受达官贵人赠送的金银珠宝。生活中，他勤俭节约，辛苦一生，遗物只有一些粗麻烂布和一些碎银子。他将一生奉献于为百姓谋取幸福生活，他平赋税，兴水利，为天下百姓所赞颂。这对当今中国的廉政建设也起着指引作用。为官者，应当以自身为标杆，坚持廉政标准，深入学习廉洁正直的美好品德，维护官场的清风正气，为人民之表率，一如习近平总书记所说，"打铁必需自身硬"。领导干部应当充分发挥表率作用，恪守为官清廉的行为准则，贯彻落实八项规定，坚决反对"四风"，严明纪律，形成求真务实、清正廉洁的新风正气。

正心明德，弘廉明威严。官者，正也。秉公廉洁是为官者赖以自存的美好品质。官场官风不正常存，有权者仰仗权势为所欲为，所谓近朱者赤，近墨者黑，如何在混沌官场中维持一身清白，是对为官者提出的巨大挑战。海瑞，在面对如此巨大的挑战之下，坚守本心，疾恶如仇，面对权势不依附，不攀缘。他无畏强权，对于大官贵戚、平民百姓，一律平等对待。面对权贵的贪赃枉法，他刚正不阿，秉公处理。所谓公生明，廉生威，其秉公廉洁、不畏强权也赢得众人的敬畏。海瑞，约身谨洁，以公廉为己任，是后世之表率。他的典范事迹对当今党员干部也有莫大的启示。习近平总书记强调为官者只有修其心治其身，而后可以为政于天下。党员干部应当继续加强修养，提升境界，树立信仰、公仆、自省、敬畏、法治、民主意识。

正行肃纪，树正义风气。所谓祸患常积于忽微，在国家治理中，一个个贪污腐败的行为会如同白蚁啃食树木一般，逐渐腐蚀国家发展的基础，对国家造成不可逆的损害。反腐倡廉是一个持久且严厉的过程，明确廉洁纪律，严厉惩治打击是推进反腐倡廉建设的强有力的武器，是官场的廉洁之风的重要保证。海瑞在为官历程之中，面对权贵贪婪腐败的行为，以强硬手段坚决打击，震慑腐败力量的同时，也体现其杜绝不良现象的决心。当前，反腐倡廉也是党中央的工作重点。自党的十八大以来，习近平总书记就亲自谋划、亲自部署、亲自推进党风廉政建设和反腐败斗争，强调要全面从严治党，大力解决党员干部中的腐败问题。在国家治理中，面对建设中出现的不正之风和腐败问题，领导干部应当抱有重典治乱的决心、壮士断腕的勇气，以强硬的手段，零容忍，坚持“老虎”“苍蝇”一起打，严厉打击国家建设中出现的不法行为，保持惩治腐败高压态势，以维护党的清正廉洁，国家的长治久安。

23 “天下第一廉吏”于成龙

于成龙（1617—1684），字北溟，号于山，山西永宁州（今山西吕梁）人。清初名臣、循吏。清顺治十八年（1661），于成龙被任命为罗城县（今广西罗城）知县，在任上明确保甲制度，百姓安居乐业，全力耕作土地。康熙六年（1667），于成龙升任四川合州（今重庆合川）知州。后迁任湖广黄州府的同知和知府，历任代理武昌知府，福建按察使，布政使、巡抚和总督等职。康熙二十年（1681），升任江南江西总督。康熙二十三年（1684），朝廷命令于成龙兼管江苏、安徽两地巡抚的政事，不久便在任上去世。他被康熙帝追赠为太子太保，赐谥“清端”。于成龙为官20余年，三次被举“卓异”，他以卓著的政绩和廉洁刻苦的一生，深得百姓爱戴，被康熙帝赞誉为“天下第一廉吏”。

打击盗匪。“盗”成为清初一大社会问题。在黄州府岐（歧）亭镇一带，盗贼甚至白昼劫路伤命，严重影响了地方安定和居民正常生活。于成龙上任之初，即以郡丞身份坐镇岐（歧）亭治盗。为了摸清盗情和每一件重大盗案，他总是亲自访察。他多以“微行”的方式，扮作田夫、旅客或乞丐，到村落、田野调查疑情，从而对当地盗情了如指掌。他还特意在衣内置一布袋，专放盗贼名单，“自剧贼，偷儿踪迹无不毕具，探袋中勾捕无不得”。对待案犯他主张慎刑，以教为主，采取“宽严并治”和“以盗治盗”的方法，取得突出效果。于成龙在词讼、断狱方面也以包公式人物著称。他铁面无私，头脑敏锐而细心，善于从一些常人易忽视的细节上发现问题的症结。曾排解过许多地方上发生的重大疑案、悬案，使错案得到平反，从而被百姓呼为“于青天”。

整顿吏治。身为“治官之官”，于成龙始终把整顿吏治放在工作的首位。他指出：“国家之安危由于人心之得失，而人心之得失在于用人行政，识其顺逆之情。”“以一夫不获曰予之喜，以一吏不法曰予之咎，为保郅致政之本。”在黄州时，他衣内的布袋用于放盗贼名单。升巡抚后仆人请去掉，他笑道：“此袋昔贮盗，今以贮奸贪不省之官吏，未可去也！”他新任直隶，即发出清查庸劣官员的檄文，责令各属将“不肖贪酷官员”，对“昏庸衰志等辈”，要“速行揭报，以凭正章参处”。针对各属贿赂公行，请客送礼之风，他从利用中秋节向他行贿的官员开刀，惩一儆百。他赴任江南，入境即“微行”访于民间，面对“州县各官病民积弊皆然而江南尤甚”的状况，不禁叹曰：“噫！吏治败坏如倒狂澜，何止时乎？”他很快颁布了《兴利除弊约》，其中开列了灾耗、私派、贿赂、衙蠹，旗人放债等十五款积弊，责令“自今伊始”，将所开“积弊尽行痛革”。与此同时，他根据自己的体会，又制订了以“勤抚恤，慎刑法，绝贿赂，杜私派，严征收，崇节俭”为内容的《新民官自省六戒》作为地方官的行为准则。方法上，他举优劾贪，宽严并济，时人说凡他所到之处，“官吏望风改操”。康熙帝也称其“宽严并济，人所难学”。

举贤用能。对廉洁有为的人才，于成龙反对论资排辈，他对清廷死板的任官“考成”制提出异议，认为不利于吏治建设，造成“问其官则席不暇暖，问其职则整顿无心，势彼然也”，常常使“远大之辞，困于百里，深为可惜”！为此，他屡上疏推荐人才。如直隶通州知府于成龙（史称小于成龙，辽宁盖州人）、江苏布政使丁思孔等都是较有作为的清廉官吏，由于他的举荐而受到康熙帝的重用。

清廉节俭。于成龙的官阶虽越升越高，生活却保持节俭。为遏制统治阶级的奢侈腐化之风，他带头实践“为民上者，务须躬先俭朴”。去直隶，他“屑糠杂米为粥，与同仆共吃”，在江南是“日食粗粝一盂，粥糜一匙，侑以青菜，终年不知肉味”。江南民众因而亲切地称他为“于青菜”。总督衙门的官吏在严格的约束下，“无从得蔬茗，则日采衙后槐叶啖之，树为之秃”。他去世时木箱中只有一套官服，别无余物。康熙帝破例亲自撰碑文并题写“高行清粹”匾额给予褒扬。

纵览于成龙此生，自顺治十八年（1661）初步踏入仕途后，他便坚守初心，两袖清风，廉洁自持，以己之力生动诠释了清官廉政的基本内涵。

宽严并济，以人为本。朱熹曾说过“治国之道，在乎宽猛得中”。《左传》中也曾提及“宽以济猛，猛以济宽。宽猛相济”。宽严相济是古人提出的一条治国谋略，经过数千年的打磨，彰显出时代价值。在时代更迭之中，于成龙赋予其更加深刻的意义。在于成龙的为官道路上，其宽严相济的治官方法饱受赞誉。时人说凡他所到之处，官吏望风改操，可见其治官成效。康熙帝也赞其“宽严并济，人所难学”。于成龙在针对官员进行整顿治理工作时，坚持举优劾贪，奖惩分明，宽严并济。清朝初年，统治者吸取明王朝覆灭教训，肃清吏治，严厉打击贪赃枉法行为。于成龙将这一传统很好地延续了下去，对于官场上贪腐现象大行其道且层出不穷的问题，他严加惩治，颁布了一系列规章制度并以雷霆手段肃清官场的歪风邪气，成效显著。在当今社会中，贪腐现象依旧存在。在遇到此类问题时，管理者应该坚决采取“零容忍”态度，依据实际情况制定相应政策，采取一切正当合法手段对其予以沉重打击，争取从根源上杜绝官场贪腐问题的发生，将“严”字贯彻落实。于成龙在严厉整顿吏治的同时，还坚持信奉并长期践行儒家传统“重民贵民、爱民安民、利民富民”的民本观念，在任期间所到之处皆“兴利除害”，“修仁德之政”以求百姓安居乐业。古代地方官员集行政与司法于一体。在惩处案犯时，于成龙注重以人为本的观念，谨慎使用刑罚，尽量做到对每件案件都能公平公正地判决处置。他在此过程中既做到了公正司法，也坚持亲自参与司法实践的全过程。其定章立制皆为人所敬。于成龙治理百姓时所秉持的“宽”的政治理念恰与当今中国共产党所坚持的“以人民为中心”“坚持群众观点和群众路线”观念不谋而合。于成龙的事迹也启示着广大党员干部，在制定政策时需要广泛听取人民群众的意见，而在执行政策时则需要站在人民群众的角度，从人民群众的立场出发。党员干部在管理过程中宽严相济，既是构建社会主义和谐社会的重要内容，也有利于我国在新时期顺利实现建成中国特色社会主义社会事业的宏伟蓝图。

不忘初心，慎始如终。于成龙以廉政形象名垂青史的原因还在于他本人不忘初心，一生艰苦奋斗。慎始如终，则无败事。于成龙为官数十载，纵使仕途顺利，官阶愈升愈高，生活却始终清贫简朴，不改奋斗本色。身为众官之官，为带头遏制官吏阶级腐化堕落之情状，他甘愿一生布衣蔬食，从不贪取半丝半缕不义之财，淡泊自甘，在物质条件并不富足的情况下心系黎民苍生，关心民众疾苦，亲民养廉。于成龙一生戒奢崇俭，不图财利，不恋功名利禄。晚年功成之后毅然退隐，继续选择与清贫为伴。在封建王朝末期，如于成龙般时刻牢记在肩使命，不改为官初心，一生清正廉洁的官员实为罕见。在当前社会治理过程中，于成龙端方正直的品行对于广大党员干部也具有极大的教育意义。无论何时何地，清正廉洁都应当成为广大党员干部的勤政底色。习近平总书记在中央纪委会议上也曾多次强调并告诫各级党员干部，勤俭节约是中华民族的优良传统美德，各级党员干部应坚守初心，坚持勤俭办一切事情，坚决反对讲排场，比阔气，坚决抵制享乐主义和奢靡之风。各级党员干部还应讲修养、讲道德、讲廉耻，追求积极向上的生活情趣。这既是对党员干部不忘艰苦奋斗初心，牢记在肩重要使命的提醒与要求，也饱含了对广大中共党员的殷切期望。于成龙为官一生，坚守初心，为人清廉刚正，实践“为民上者，务须躬先俭朴”，主张“屑糠杂米为粥，与同仆共吃”，这对于身处新时代下的广大党员干部如何树立正确价值观、怎样坚定理想信念同样具有积极的指引作用。

24 晚清循吏王仁堪

王仁堪（1849—1893），字可庄，福建闽县（今属福建福州）人，晚清“清流派”代表人物。祖父王庆云曾任巡抚、总督、工部尚书等职。父亲王传璨官至刑部主事。王仁堪自幼聪明好学，二十二岁考中举人，二十九岁考中状元，历任翰林院修撰、充武英殿协修官等职。光绪十六年（1890）十一月，调外任江苏镇江府知府。光绪十九年（1893）七月转任苏州知府，十月因积劳成疾而辞世。

恪尽职守，民心所向。王仁堪任职镇江期间，为镇江做了很多实事，给镇江人民留下了深刻的印象。当三年任满考绩时，江苏省定王仁堪的政绩为全省第一。王仁堪去世后，镇江人民“士废业，商罢市，野辍耕，无不唏嘘流涕，设位而祭”，镇江绅士韩弼元等人联名上书给当时的两江总督刘坤一，罗列了王仁堪在镇江的种种政绩，丹徒县令王芝兰也在给上级的通禀中称：

“窃已故守王仁堪，政绩卓著，妇孺口能道之。去任之日，民遮道泣留。及其没也，里巷聚哭，争立庙以祀……”刘坤一经过核查以后，在给光绪皇帝的奏折中称王仁堪“以岂弟之心，行仁义之政，无急功，无近名，其治狱平法似于定国，发奸摘伏似赵广汉，讲求水利似召信臣。至赈恤灾黎则富弼之青州也，振兴文教则文翁之巴蜀也”。于定国、赵广汉、召信臣均为西汉有名的循吏；富弼为北宋时期清正廉明的官吏；文翁，西汉官吏，汉景帝末年为蜀郡守，兴教育、举贤能、修水利，政绩卓著。刘坤一将王仁堪的政绩分别与五位著名历史人物的政绩相比，可见王仁堪在当时人们心中的位置。

高风亮节，公正廉明。光绪十八年（1892）镇江遇到大旱灾和蝗灾，灾民遍地。王仁堪一方面向上呈报，奏请截留漕米五万斛，救济了二十余万饥民，另一方面，他劝绅商捐资，募款二十多万以办理各种救灾的善后，王仁堪将所收的捐款的收支数目，全部公布于众，比比款项皆可勘查。在他死后四十年，赈款还有剩余。在救济灾民时，他把灾民分极贫、次贫两等，分别救济。同时告诫下属，所得捐资要全部落实到灾民身上，有贪赃枉法者必严惩。放赈之日王仁堪亲临现场密查暗访，无一敢贪赃者。后人为纪念他的功德，在金山第一泉（中泠泉）建祠一座，泉南建八角凉亭，名为“鉴亭”，取意他的高风亮节，池水之可鉴人。

作为晚清少有的廉政勤政的典型，镇江知府王仁堪以他的一身正气、两袖清风，真正做到了鞠躬尽瘁、死而后已。

拒中饱私囊，树清廉品格。闻一多曾云：“是祀高禖用万舞，其舞富于诱惑性，则高禖之祀，颇涉邪淫，亦可想见矣。”可见，权力是一把双刃剑，用得不好不仅可能伤害别人的利益，甚至还会危及自己。当一个人被赋予过大的权力之时，无可避免地会被权力带来的巨大利益所诱惑，身处诱惑之中，却不被诱惑，一身正气，两袖清风的人不常见，但王仁堪就是一位。王仁堪对于募捐到的钱财详细地记录了它的去向，保证每笔都用到了民众身上，“冬赈一次，极贫四百文，次贫三百文，小口均半之。两项共须放钱三万一千零十余串，声明归人工赈”。“丹徒贴养耕牛，计每头三千六百文，共查得六千九百八十九头，只放一次，不放春赈，共需钱两万五千一百六十千零四文”。面对如此多的赈款，再相较于自己栖息于陋室的窘境，王仁堪丝毫未起贪婪之心。当今党员干部面临的诱惑更多、考验更大，更得心有定力，守正不挠。正气是一股清流，它能使人守住原则、从容取舍。习近平总书记曾告诫党员干部“要真正做到一心为公、一切唯实、一身正气”。越是面临诱惑，越要问问初心，牢记“党员姓党”“公权姓公”“公帑姓公”，始终戒尺在握放弃发财念想，畏法度，知进止，养一身浩然正气，修一颗赤子之心。

惩行贿舞弊，杀不正之风。古代科举考试为普通读书人铺设了一条以考试跻身仕途的道路，一朝中举将改变自身甚至全族的命运。但是，只要有科举考试在，舞弊现象就会如影随形。士子为了谋求功名利禄，有冒籍的（更改籍贯、更改自身资历等）、有请托的（贿赂考官通“关节”）、有打小抄的……无所不用其极。虽然历朝历代都采取了严惩措施，但往往屡禁不止，究其原因，还是因为有权者追名逐利，权力寻租。纵观历史不难发现，清官之路始终与官场中的一些“常例”做法格格不入，不仅物质上要吃苦，精神上也要承受巨大的压力。每办一件事都要严守国家规定，因而障碍重重，举步维艰，更有可能遭到同僚的讥笑、排挤、不合作，但若是当今为政者都能将此当成一种人生考验和意志磨炼，不追名逐利，不计较得失，定能减少贪污腐败行为。在惩治钻营舞弊之风的案件中，王仁堪以公正的名声震慑了可能带来的舞弊事件。正是王仁堪的公正名声的远播，才有殷如璋把周福清的事件上报的后续。并且，王仁堪也秉持公心，将这起钻营舞弊之案进行严惩，抑制了那时的官场行贿之风。我们在当今时代更应该去践行王仁堪这样公正的品质，面对任何事情，面对任何“围猎”，要以正心对己，以公心用权，如此方能让群众心服口服，营造风清气正的社会环境。

严监督管理，筑权力之笼。监督自古以来都是使得权力处于控制之下的有效手段。没有监督的绝对权力，必然带来腐败的极大可能。反腐倡廉建设中的党内监督制度化，就是将权力理得更顺、“边界”划得更清，把权力关进制度的笼子里。领导干部监督与接受监督，是爱护帮助干部的体现，是保证权力不被滥用、促进政治清明、干部廉政的重要手段，更是我们事业兴旺发达的根本保证。王仁堪自从手握权力开始，一直从两个方面重视监督。一方面是做到自我监督，树立高尚的理想信念，在生活中勤俭节约，面对钱色不为所动。另一方面是重视外部监督，在权力运行时，告诫下属不可滥用权力，同时本人亲自暗中监督，真正做到了对权力的切实保障。在科举之中，王仁堪同样承担着监督的责任，身为苏州知府，以公平之名严厉惩治了想要钻营舞弊之人。手握权力，但却牢牢地恪守着自己的底线，自我清廉的同时还在监督着别人，严禁权力寻租之行的发生，这是对于清廉公正之风内化于心外化于行。王仁堪做到了将权力关进制度的笼子，将权力控制起来，不被他人滥用。如今不仅政府需要王仁堪这样的干部，群众更加需要王仁堪这样的干部。

第三篇章

忠义爱国篇

25 爱国诗人屈原

屈原（约前340—前278），芈姓，屈氏，名平，字原，出生于楚国丹阳秭归（今湖北宜昌），是楚武王熊通之子屈瑕的后代，战国时期楚国诗人、政治家，“楚辞”的创立者和代表作家，其主要作品有《离骚》《九歌》《九章》《天问》等。他创造的楚辞文体在中国文学史上独树一帜，与《诗经》并称风骚二体，成为中国文学史上的璀璨明珠。

扎根楚国，心怀天下。屈原少年时受过良好的教育，博闻强识，志向远大。他虽出身贵族，但因自幼生活在民众之中，加以家庭的良好影响，故十分同情贫苦百姓，小小年纪便做了许多体恤民众的好事，博得了众口交赞。

战国时代，称雄的秦、楚、齐、燕、赵、韩、魏七国，争城夺地，互相杀伐，连年不断混战。屈原正当青年，为楚怀王的左徒官，他见百姓遭受战争灾难，十分痛心。他立志报国为民，劝怀王任用贤能，爱护百姓，很得怀王的信任。

那时的秦国最强大，时常攻击其他六国。因此，屈原亲自到各国去联络，想用联合的力量对付秦国。怀王十一年（前318），屈原的外交成功了，楚、齐、燕、赵、韩、魏六国君王齐集楚国的京城郢都，结成联盟，怀王成了联盟的领袖。联盟的力量制止了强秦的扩张，屈原更加得到了怀王的重用，很多内政、外交大事，都凭屈原做主。

独立不迁，敢于斗争。屈原在执政期间，深入推进变法改革，革除弊政，奉行以贤人能人实现安邦富国的理念，同时，他反对世卿世禄，主张法不阿贵，限制旧贵族的各种特权，这些举措加深了他与贵族集团之间的尖锐矛盾。楚国以子兰为首的一班贵族，对屈原十分嫉妒和忌恨，常在怀王面前说屈原的坏话，说他专断夺权，根本不把怀王放在眼里。挑拨的人多了，怀王对屈原渐渐不满起来，将屈原罢黜官职，先后将其流放至汉北（汉江上游，今河南南阳一带）和沅湘流域。

流放期间，屈原写下了大量优秀的文学作品，他的作品想象丰富，词采十分瑰丽。其代表作《离骚》，大量运用神话传说，把日月风云，都调集到诗篇中来。他善于用美人、香草以喻君子，用恶木秽草以喻小人，通过比兴手法把君王信谗、奸佞当道、爱国志士报国无门的情景，描写得淋漓尽致，反映出诗人热爱国家和人民的思想感情，表现出积极的浪漫主义精神，开创了中国文学史上的“骚体”诗歌形式，对后世产生了深远的影响。鲁迅《汉文学史纲要》称屈原作品“逸响伟辞，卓绝一世”，“其影响于后来之文章，乃甚或在《三百篇》（《诗经》）以上”。

不忘初心，九死未悔。周赧王三十五年（前280），楚顷襄王十九年，秦将司马错攻楚，楚割让上庸（今湖北十堰一带）、汉北地；第二年，秦白起攻楚，取鄢、邓、西陵。周赧王三十七年（前278），白起更进一步攻下了郢都，楚顷襄王只好跟那些执政的贵族们一起，狼狈不堪地逃难。楚国郢都被秦军攻破后，屈原自沉于汨罗江，以身殉楚国，时年六十二岁左右。

屈原投江自尽的日子相传是农历五月初五，即端午节。端午节最初是古代民众祛病防疫的节日。吴越一带春秋之前有在农历五月初五以龙舟竞渡形式举行部落图腾祭祀的习俗，后因屈原在这一天死去，便演变成了中国人民纪念屈原的传统节日。

在漫长的历史长河中，屈原是爱国主义的标志性人物，是伟大的爱国诗人，屈原的爱国情操更是中华传统文化的精髓，是一个永远值得仰望的文化高度。以古为鉴，屈原的爱国主义精神虽历经两千多年的大浪淘沙，仍闪耀着璀璨光芒，具有重要的时代意义。在新时代文化背景下，在“四个自信”的指引下，培养国人的爱国情怀，把爱国情怀升华为对祖国无比忠诚和热爱的真挚持久的爱国情操。

以独善其身之质，扎牢爱国廉洁之根。屈原的《橘颂》中以“深固难徙，更壹志兮”“深固难徙，廓其无求兮”表明其扎根楚国，心怀天下的心志。屈原的爱国主义深深扎根于楚国，其报效楚国、牵挂楚国之心如同楚之橘树一样“深固难徙”。

屈原的爱国主义不仅体现在忠于祖国上，更为耀眼的在于其“独立不迁”的精神品质，敢与腐朽势力斗争，熔铸爱国情怀。屈原在诗作中明确提出“廉洁”概念，“宁廉洁正直以自清乎”（《卜居》），“朕幼清以廉洁兮，身服义而未沬”（《招魂》）。司马迁称颂屈原“其志洁”“其行廉”，此志“与日月争光可也”！屈原不仅坚持做到廉洁、独善其身，而且始终与反对历史进步的楚国贵族势力做斗争，把进修内美的自我成就与努力斗争的兼济天下完美地统一在一起。屈原《橘颂》之中，就借橘树表明其志向和品质，“独立不迁，岂不可喜兮”“苏世独立，横而不流兮”。在屈原所处的年代，这种独立、傲然、不媚俗从俗、不随波逐流的品格是难能可贵的。屈原的“独立不迁”来源于他对楚国政治前途的坚定信心和对祖国的认知与认同，“知之深”，才能“爱之切”。它启发我们，培育新时代爱国主义精神，廉洁思想政治教育是极为重要的。

以民本之心，践行“为人民服务”之旨。闻一多颂赞屈原是一个“真正的人民诗人”。“长太息以掩涕兮，哀民生之多艰”“怨灵修之浩荡兮，终不察夫民心”“民生各有所乐兮，余独好修以为常”（《离骚》），这些诗句充分展现出屈原爱国情怀中的民本思想，他把自己放在与普通民众同等的地位，对黎民苍生充满爱怜，充满能量感。屈原作为楚国的同姓贵族，作为曾经的楚国高官，并未以统治者的高位俯视黎民百姓，而是自觉与下层百姓站在一起，鲜明地表达了对民心民生等问题的关心和感同身受，这在 2000 多年前的战国时代是弥之珍贵的。屈原以“爱民如子”的实际行动砥砺“爱国如家”之情怀。

习近平总书记在庆祝建党 100 周年大会上发表重要讲话中指出：“江山就是人民，人民就是江山。”民心是最大的政治。当前，中国特色社会主义建设也要继承和弘扬屈原等思想家的人民立场和民本思想，始终坚守人民至上的理念，把一切为了人民、一切依靠人民作为根本的价值追求。习近平总书记在中国共产党第十九次全国代表大会上的报告中强调，“人民是历史的创造者，是决定党和国家前途命运的根本力量。必须坚持人民主体地位，坚持立党为公、执政为民，践行全心全意为人民服务的根本宗旨，把党的群众路线贯彻到治国理政全部活动之中”。当前，在推进改革发展稳定等各项事业中，要始终坚持与人民同呼吸、共命运、心连心，始终做到发展为了人民、发展依靠人民、发展成果由人民共享。

上下求索，砥砺奋斗。中国人民是具有伟大奋斗精神的人民，中华文化蕴含着奋斗的基因。在屈原身上，不忘初心、上下求索、百折不挠的不懈追求就是奋斗精神的充分体现。屈原身为楚国的贵族和官员，一直坚持把自己的政治抱负落实到行动中，在不同的职位和境遇，始终坚持不懈，苦苦探求，努力实现人生价值。这种精神追求就是“路曼曼其修远兮，吾将上下而求索”的释义。自屈原始，这句经典诗句时至今日依然矗立在无数人的案头和心间。只有发扬奋斗精神，把为人民谋幸福、为民族谋复兴、为世界谋大同的初心和使命牢记在心，不断求索，永远保持谦虚、谨慎、不骄、不躁的作风，永远保持艰苦奋斗的作风，以实际行动，努力向历史、向人民交出新的更加优异的答卷！“雄关漫道真如铁，而今迈步从头越”，屈原的理想主义品格和奋斗姿态始终映照着我们追寻真理、创造生活、实现梦想。

《新时代爱国主义教育实施纲要》提出：“当代中国，爱国主义的本质就是坚持爱国和爱党、爱社会主义高度统一。”中国特色社会主义已经进入新时代。为了凝聚全民族力量，实现中华民族伟大复兴的中国梦，要坚定不移培育新时代爱国主义精神。

屈原爱国主义精神在中华民族精神中占有重要的地位，今天的中华儿女，更要加强对党和中国特色社会主义事业的正确认识，深刻理解坚持党的领导、坚持走中国特色社会主义道路是实现国家富强的根本保障和必由之路，从而把爱国之情建立在对祖国的理性认知和认同的基础上，真正做到懂国家之事，明爱国之理。

26 丝绸之路开拓者张骞

张骞（约前164—前114），字子文，汉中郡城固（今陕西汉中）人，中国汉代杰出的外交家、旅行家、探险家，丝绸之路的开拓者。故里在今陕西省汉中市城固县城南汉江之滨的博望村。

家国情怀，敢为天下先。西汉初年，匈奴冒顿单于征服西域，经常侵占汉朝的领土，骚扰和掠夺中原居民。汉武帝即位后，从匈奴降人的口中得知西迁的大月氏有报匈奴世仇之意，但苦于无人相助，便决定沟通与西域的联系，欲联合大月氏，以夹攻匈奴，“断匈右臂”。

建元二年（前139），张骞接下了这个重任，率领一百多名随行人员，由匈奴人堂邑父为向导从长安出发前往西域。很不幸的是，正当张骞一行匆匆穿过河西走廊时，不幸被匈奴人抓获。单于得知张骞欲出使月氏后，对张骞说：“月氏在吾北，汉何以得往？使吾欲使越，汉肯听我乎？”翻译过来也就是说，站在匈奴人的立场，无论如何也不容许汉使通过匈奴人地区，去出使月氏。就像汉朝不会让匈奴使者穿过汉区，到南方的越国去一样。就这样，张骞一行被扣留和软禁起来。

单于为软化、拉拢张骞，打消其出使月氏的念头，进行了种种威逼利诱，甚至强制将一名匈奴女子许配给张骞，希望通过这样的目的，逐渐软化张骞。张骞虽然在表面上学习匈奴人的语言，并且跟匈奴人一样去放牧，但他始终没有忘记汉武帝所交给自己的神圣使命，没有动摇为汉朝通使月氏的意志和决心，张骞在匈奴一直留居了十年之久。

不畏艰险，勇于探索。公元前 129 年，张骞逃出了匈奴人的控制区。但月氏人从伊犁河流域继续西迁，已经进入咸海附近的妫水地区，建立了新的家园。张骞大概了解到这一情况，经车师后没有向西北伊犁河流域进发，而是折向西南，进入焉耆，再溯塔里木河西行，过库车、疏勒等地，翻越葱岭，直达大宛（今乌兹别克斯坦费尔干纳盆地），最后找到了大月氏人。这时大月氏人，由于新的国土十分肥沃，物产丰富，并且距匈奴和乌孙很远，外敌寇扰的危险已大大减少，改变了对匈奴的仇视态度。张骞最终未能说服月氏人与汉朝联盟夹击匈奴。在归途中，张骞等人再次被匈奴骑兵所俘，又扣留了一年多。公元前 126 年，匈奴为争夺王位发生内乱，张骞趁机和堂邑父逃回长安。这次出使西域共历时 13 年，出发时是 100 多人，回来时仅剩下张骞和堂邑父 2 人。

公元前 119 年，张骞再次率领 300 多名随员，第二次出使西域。这次出使西域的目的主要有两个：第一个是招乌孙东归故地，瓦解匈奴人的一部分势力；第二个是向西域各国宣扬大汉的国威，希望加强与这些国家的联系，可以跟汉朝形成同盟的关系，在经济文化等方面进行更加深入的交流。遗憾的是，当张骞到达乌孙时，恰逢乌孙内乱，虽然张骞尽了最大的努力，但战争下的乌孙并未有一个统一的声音跟张骞进行交流，因此张骞此行的第一个目的也就没有达到。但跟张骞一起随行的其他人员为了第二个目的则分别访问了中亚的大宛、康居、大月氏、大夏等国，这些国家中的一部分早就听闻东方有一个强大富饶的国度，他们非常愿意跟汉朝有频繁的经济文化交流。这次出使西域，张骞极大地扩大了西汉王朝的政治影响，增强了汉朝与西域各国相互间的了解。张骞一行偕乌孙使者数十人于公元前 115 年返回长安。

丝路精神，薪火相传。张骞的成功为中国赢得了贸易、建设和统一的保障，对东西方历史都具有深远的意义。公元前 105 年，汉朝使者沿着张骞的足迹，来到了今伊朗境内。汉朝使臣在这里向着安息国王献上了美丽柔滑的丝绸，安息国王非常高兴，以鸵鸟蛋和一个魔术表演团回赠汉武帝，这标志着连接东方的中国和西方的罗马帝国的丝绸之路正式建立。

在以后的时光中，张骞开辟的丝绸之路成了中西方商业贸易的重要渠道，并且为各国的发展带来了很大的商业利益，可以说如果没有张骞丝绸之路的成功开辟，汉朝的经济也就不会得到一个蓬勃发展的机会，汉朝在农业、军事、手工业方面都得到了极大好处，汉朝人民的生活与饮食也因此变得十分丰富。

古代丝绸之路是人类历史上文明交流交融最耀眼的舞台，它浓缩了亚欧大陆漫长历史时期经济、政治、文化、社会的演进，见证了东西方物质文明和精神文明的交流与交融。在古代丝绸之路上，商品互通、文化交汇、文明包容、人文交流、科技互动，沿线各国人民共同谱写了经济互利、人文互启的伟大的史诗乐章。

丝绸之路——文明交流的大通道、民族交流的大舞台。在21世纪的中国，习近平总书记先后提出建设“新丝绸之路经济带”和“21世纪海上丝绸之路”的合作倡议。简称为“一带一路”。现在的中华人民共和国站在历史的新起点上，带来发展新机遇，“一带一路”的倡议乘国家改革开放之势而上，顺中华民族伟大复兴之势而为，为我国更好、更持续地走向世界，融入世界，开辟了崭新路径。

现在的“一带一路”在张骞古代丝绸之路基础上有了更多国家的加入，就目前的建设面积而言，已经涉及了沿线160多个国家和地区，是目前全球贸易和跨境投资增长最快的地区之一，也是世界经济发展最具潜力、最有活力的地区之一。各个国家的总目的是一致的，那就是通过“一带一路”项目，促进国内产业结构的升级调整、加大基础设施建设，在中国打造的国际平台上展开多层面宽领域国际合作。今时不同往日，相较于汉朝丝绸之路所面对的问题，现在的世界所面对的问题则是更加复杂，更加隐蔽。例如资源短缺、粮食安全、气候变化、网络攻击、环境污染、疾病流行、跨国犯罪等，这些问题制约和影响着各国各地区的发展。面对国际化的问题，传统的通过一个国家解决问题的方法很难奏效，多元化、合作化解决问题已经成为各个国家的共识，国际化的问题就应该交与各个国家在平等互利的基础上合理解决，一起积极应对挑战。借中国快速发展之势，实现本国发展目标，成为沿线多数国家的愿望。

“一带一路”倡议顺应沿线国家发展经济、维护稳定、改善民生的现实需求，顺应全球治理体系变革的内在要求，彰显同舟共济、权责共担的命运共同体意识，成为推动当今国际合作，以及完善全球治理体系变革的“中国方案”。

廉洁——“一带一路”行稳致远的护航舰。习近平总书记在党的十八届中央纪委二次全会上讲话指出，要加强对权力运行的制约和监督，把权力关进制度的笼子里，形成不敢腐的惩戒机制、不能腐的防范机制、不易腐的保障机制。“一带一路”的建设同样要把廉政建设放在重要位置。

廉洁丝绸之路分论坛开幕致辞中，时任中央纪委副书记李书磊同样点明了廉洁对于“一带一路”建设的重要意义，“廉洁是‘一带一路’行稳致远的现实需要。只有将一个个‘一带一路’合作项目建设成廉洁工程，才能让‘一带一路’惠及更多国家和人民”。

腐败，自古以来就是人类社会的毒瘤，是滋养权色交易的底层缘由，是现代化强国建设路途中最不容忽视的重要环节。尤其是在全球化的浪潮下，贪污腐败也呈现跨国合作化。《联合国反腐败公约》是联合国历史上通过的第一个用于指导国际反腐败斗争的法律文件。中国与“一带一路”参与方以《联合国反腐败公约》等国际条约和相关双边条约为基础，加强廉政政策对接，预防和打击腐败的立法、司法、行政执法及国家政策和社会舆论等方方面面，使各个国家廉政法律逐渐标准化，有利于进一步深化反腐败务实合作，围绕“一带一路”区域互联互通标志性项目探索开展廉洁风险防控，坚决打击商业贿赂等方面，取得重大进展。

自 2013 年至 2021 年 9 月，我国与“一带一路”沿线国家货物贸易额累计达 10. 4 万亿美元。从 2013 年到 2020 年，我国与“一带一路”沿线国家货物贸易额占我国对外贸易总额的比重提高了 4. 1 个百分点。从这些数据中可以看出各个国家对“一带一路”的重视程度及“一带一路”给各国相互之间带来的巨大利益。

每位领导干部必须时刻坚持筑起对腐败的防守大堤。正是由于“一带一路”国际项目的特殊性，涉及众多的国家、资金、项目。这是对党政府廉政工作的建设提出了巨大的挑战，也是每一位领导干部必须打赢的廉政之战。要把“既要打老虎，也要打苍蝇”的理念贯穿于“一带一路”廉政反腐工作中，让世界人民看到在中国共产党领导下打造的一个精品项目、廉洁项目，让“一带一路”成为“廉政之路”。

27 啮雪吞毡苏武

苏武（前 140—前 60），字子卿，杜陵（今陕西西安）人，代郡太守苏建之子，西汉时期杰出的外交家，民族英雄。

苏武幼年时，受始祖苏忿生创立的“忠孝仁俭”家风之教化，后经父亲苏建修身律己的示范引导，年轻时读圣贤书，习君子义，德操过人，志存高远，崇尚先贤仁者洁身自爱、甘守清贫的美德。

使命担当，勇敢无畏。太初四年（前 101），匈奴且鞮侯单于新立，致书修好。汉武帝朝议，苏武毛遂自荐，慨然陈述己见，促成了“备之以兵，出之以礼”的决策。

汉武帝派遣苏武以中郎将的身份出使匈奴。苏武同副中郎将张胜及临时委派的使臣属官常惠等，加上招募来的士卒、侦察人员一百多人一同前往。到了匈奴，摆列财物赠给单于。单于正要派使者护送苏武等人归汉，意外发生了。匈奴贵族内部暗中策划绑架单于的母亲和阏氏归汉，正好碰上苏武等人到匈奴。汉朝降将虞常在汉的时候，一向与副使张胜有交往，私下拜访张胜说："听说汉天子很怨恨卫律（也是汉朝降将），我虞常能为汉廷埋伏弩弓将他射死。我的母亲与弟弟都在汉，希望受到汉廷的照顾。"张胜许诺了他，把财物送给了虞常。

一个多月后，单于外出打猎，只有阏氏和单于的子弟在家。虞常等七十余人将要动手之时，其中一人夜晚逃走，把他们的计划告诉了阏氏及其子弟。单于子弟发兵与他们交战，缑王等都战死，虞常被活捉。单于派卫律审处这一案件。张胜担心他和虞常私下所说的那些话被揭发，于是便把事情经过告诉了苏武。苏武说："事情到了如此地步，这样一定会牵连到我们。受到侮辱后被处死，更加对不起国家！"因此想自杀。张胜、常惠一起制止了他。虞常果然供出了张胜。单于大怒，想杀掉汉使者。左伊秩訾说："假如是谋杀单于之罪，那何必要用其他什么更严的刑法呢？应当叫他们投降。"

不畏强权，爱国忠贞。单于派卫律召唤苏武来受审讯。苏武说："丧失气节、玷辱使命，即使活着，还有什么脸面回到汉廷去呢！"说着拔出佩刀刺向自己胸腹。卫律大吃一惊，上去抱住了苏武，将苏武扶好，派人骑快马去找医生。

单于钦佩苏武的气节，早晚派人探望、询问苏武，而把张胜逮捕监禁起来。苏武的伤势逐渐好了。单于派使者通知苏武，一起来审处虞常，想借这个机会使苏武投降。剑斩虞常后，卫律说："汉使张胜谋杀单于亲近的大臣，应当处死。单于招降的人，赦免他们的罪。"举剑想要击杀张胜，张胜请求投降。卫律对苏武说："副使有罪，应该牵连到你。"苏武问："我本来就没有参与谋划，又不是他的亲属，怎么谈得上连坐？"卫律又举剑对准苏武，苏武岿然不动。

卫律说："苏君！我卫律以前背弃朝廷，归顺匈奴，受到单于的大恩，赐我爵号，让我称王，拥有奴隶数万、马和其他牲畜满山，如此富贵！你今日投降，明日也是这样。如果白白地把身体给草地做肥料，又有谁知道你呢！"苏武毫无反应。卫律说："你通过我而投降，我与你结为兄弟；今天不听我的安排，以后再想见我，还能得到机会吗？"

苏武痛骂卫律说："古人说小人喻于利，君子喻于义。你原是大汉臣子，不顾恩德义理，贪图爵位，唯利是图，背叛皇上，抛弃亲人，在异族做投降的奴隶。君子持节，小人谋财！我愿做君子，决不做小人，为什么要见你？

况且单于信任你，让你决定别人的死活，而你却居心不平，不主持公道，反而要使大汉皇帝和匈奴单于二主相斗，旁观两国的灾祸和损失！南越王杀汉使者，结果九郡被平定；大宛王杀汉使者，结果是自己头颅被悬挂在宫殿的北门；朝鲜王杀汉使者，随即被讨平；唯独匈奴未受惩罚。你明知道我决不会投降，是想使汉和匈奴互相攻打。匈奴灭亡的灾祸，将从我开始了！”

忍辱负重，持节不屈。卫律知道苏武终究不可胁迫投降，报告了单于。单于闻知后，更加看重苏武，益增为己所用之心，将其囚于大窖之中断绝饮食，欲以肉体摧残迫其屈服，“苏武则将雪与旃并吞之”，苦守心志，百折不挠，使“匈奴以为神”，敬佩之至。

单于欲杀苏武不忍，放之难舍，遂将他孤身一人流放到荒漠之地北海，“令羝羊有奶始得归”，置其以困苦之地来消磨他的意志。苏武历尽艰辛，留居匈奴十九年，持节不屈。

直到汉昭帝始元二年（前85），汉匈和亲，苏武回归汉土，跪拜汉武帝茂陵，捧节慨然奏道：“禀报先皇，我等归来，未辱使命，无损宗国，还旨交差！”令观者无不动容。

恪守克己，心怀天下苍生。留胡牧羊回到汉朝后，苏武不自以劳苦功高，以典属国之职，自觉担负起安境抚边、抚慰属国之责，为入汉的民众，终年奔走，日夜操劳，促成了设置西域都护府管理属国、与周边国家建立“五通”等重大内外政策的实施。苏武荣升要职后，爵封侯位，不讲排场，不享安乐，不因前妻改嫁而另寻新欢，长期居住官署，以国事政务为重。同时，恪守克己惠人，经常力所能及地救民帮困，将节俭下来的俸禄全部用于接济父老与亲朋族人，又把领受的公田无偿转让给无地之人去耕种，自己则分文不取，令为子孙而牟私利者汗颜。

苏武之子苏元涉嫌“燕盖之乱”（亦称“元凤政变”）蒙冤被杀。苏武虽不明真相，却自我担责，请求隐退后，仍以“待诏金马门”的特殊礼遇，经常入朝面君，以赤诚之心，为军国大事出谋划策，令汉昭帝和朝中近臣们更加敬重。

神爵二年（前60）苏武病亡，归葬武功封底（今陕西武功），享年81岁。汉宣帝念其有功，将其列为麒麟阁十一功臣之一。

历史车轮碾轧出曲折轨迹，有人流芳百世，有人遗臭万年，有人为一己私利而苟且偷安，有人坚守气节而舍生取义，但也涌现出一批批为国家为民族而坚贞不屈的英雄人物。苏武精神根植于中国传统文化的沃土中，是中华民族精神生生不息的具象表现。

苏武作为汉朝使者，爱国、坚韧、持节守操、不辱使命、不惧死亡、坚拒利诱，其精神作为中华优秀传统文化的一部分，千百年来激励着爱国志士为国家的前途和命运赴汤蹈火而在所不惜。时至今日，这种不朽的爱国情怀，仍有着非同一般的意义，值得我们去学习和实践。

民族气节熔铸爱国不屈精神。从苏武身上我们看到了他“富贵不能淫，贫贱不能移，威武不能屈”的高尚事迹，看到了他始终坚持民族气节的爱国主义精神，看到了一位不朽的爱国者光辉形象。

苏武作为汉朝的使者，肩负汉朝重要使命。身在匈奴，心系汉朝，任何时候决不屈节辱命，是他坚守不变的信念。副使张胜告诉苏武谋反的事，苏武的第一句话是“见犯乃死，重负国”，他没有为本与自己无关的事情去辩解，他深知自己的生命与国家的尊严连在一起，视死如归，欲自杀，为维护国家的尊严而死，毫无遗憾。单于想听取供词，苏武又以“屈节辱命，何面目以归汉”告诫部下，自己又“引佩刀自刺”。

在荒芜贫瘠的土地上，他一个人孤独地顽强地坚持着，战斗着，手中的旌节是他最大的武器，是他最坚毅的信仰，无言地向敌人展示他最顽强的抵抗。《汉书》赞其“使于四方，不辱君命”。列夫·托尔斯泰说：“信念是辉煌的光，照遍周围也引导着人自身。”不屈节辱命的坚定信念，引导着苏武的生死抉择。如果死能够维护国家的尊严，那决不求生；如果生能维护国家的尊严，那无论如何也不选择死亡，即便自己忍辱负重，也要坚韧地活着，顽强地战斗，向敌人展示自己的高贵不屈，展示国家的尊严。

不忘使命、勇于担当诠释爱国实干精神。俗话说，“顺境逆境看胸襟，大事难事看担当”。苏武以身诠释“不忘初心，勇于担当”的爱国精神，他忍受困顿熬煎，毅然决然坚守了“道义高于天、利禄如粪土”的人生理念。不论遇到什么境况，怎样的待遇，他总能沉着冷静，坚韧不屈，纵使寒风凛冽，大雪纷纷，但心中信念如一，义无反顾，北顾中原，则是他内心的崇高向往，刺骨之寒，饥饿之苦，宁以毡毛充饥，置身冰天雪地，而信念从不动摇。苏武对自己肩负使命的认知，化为自己永远固守的信念。

自己的生命永远小于自身信念值，以其刀剑临颈不辱其国、困境磨难不改其诚、挺身担当不畏其艰、淡泊利禄不污其身的高风亮节，践行了中华儿女崇高的思想境界与立身处世准则，用铮铮铁骨为后世树立了一个“富贵不能淫、贫贱不能移、威武不能屈”的千古榜样。像苏武那样坚持气节与操守，始终不忘自己职责的人，正是我们中国历史上的脊梁，他的精神已深深渗入我们民族的血脉之中。

使命是方向，担当是实干。习近平总书记强调："实干兴邦。"作为新时代中国特色社会主义背景下的我们，要充分汲取苏武的爱国精神，用脚踏实地，真抓实干，勇于担责的实际行动充分展现对爱国精神的传承。

信仰坚定、公而忘私演绎爱国廉洁精神。清正廉明是中华民族传统美德之秉承，苏武用自己的行动全面展现了公而忘私的廉洁爱国精神，"以德为本、至善为上"，从不图利玷名、不因财累身，清廉忠诚做人，光明磊落处世，称得上"史无微词"的"千古完人"，堪称世人之典范。这种廉洁道德情怀，树立起了一座高大的中华民族道德丰碑，值得千秋传颂。

爱国这种深沉伟大的情怀，必须讲究姿态和实干。在新时代中国特色社会主义大背景下，爱国教育资源信息以饱和状态表现于我们生活的方方面面。爱国精神是传承，是永生永世的追寻；爱国精神是不忘国之使命，勇敢担当作为；爱国精神是坚定信仰后的公而忘私，用信仰和实干铸就新时代爱国精神，奋楫笃行，书写美好中国新篇章。

28 忧国诗圣杜甫

杜甫（712—770），字子美，自号少陵野老。祖籍襄阳，河南巩县（今河南巩义）人，唐代伟大的现实主义诗人，与“诗仙”李白合称“李杜”。

上忧社稷。杜甫生活于唐朝由盛转衰的历史时期，出生在一个“奉儒守官”的世家，家学渊博，少年时期就志存高远。年少优游，在洛阳与被唐玄宗赐金放还的李白相遇，两人一同登台怀古，谈诗论文，结下了“醉眠秋共被，携手日同行”的友谊。天宝三载（744）秋末，杜甫结束了“放荡齐赵间，裘马颇清狂”的漫游生活，回到长安，踌躇满志，求取功名。

天宝六载（747），唐玄宗诏天下“通一艺者”到长安应试，因权相李林甫“野无遗贤”的闹剧，参加考试的士子包括杜甫在内全部落选。科举之路行不通，杜甫为实现自己的政治理想，客居长安十年，奔走献赋，郁郁不得志，仕途失意，过着贫困的生活。天宝九载（750），杜甫预献三篇《大礼赋》，得到玄宗赏识，命待制在集贤院，然而仅得“参列选序”资格，等候分配，因主试者仍为李林甫而未得到官职。

下忧黎苍。天宝十四载（755），杜甫往奉先（今陕西蒲城）省家，刚进到家门就听到哭泣声，原来小儿子饿死了，杜甫就长安十年的感受和沿途见闻，写成著名的《自京赴奉先县咏怀五百字》。随后安史之乱爆发，撕开了大唐的虚假繁荣，往日盛唐已经化为战乱后的萧条破败，哀鸿遍野。杜甫目睹底层人民在乱世漂离和酷吏压迫之下水深火热的生活，既同情又无奈，只能用他的笔他的诗，真实地记录下这些惨无人道的场景，其中最为著名的莫过于“千秋之泪”：“三吏”与“三别”。

壮志未酬。晚年的杜甫，生活愈加悲惨，穷得连酒都喝不起，所谓“酒债寻常处处有，朝回日日典春衣”。大历三年（768），杜甫思乡心切，乘舟出峡，辗转不得归，大历五年（770）冬，在由潭州往岳阳的一条小船上，船外是凄寒苦楚，船内依旧是一条炽热山河，一代忧国诗圣杜甫，就此走完了他艰难而又伟大的一生。

爱国主义从古至今一直流淌在中华民族的血脉之中，正是这种精神的坚强支撑，五千年来中华文明维系不断、延绵至今；正是这种精神的坚强支撑，中华民族才能经受住风雨考验，屡创辉煌。习近平总书记在纪念五四运动 100 周年大会上的讲话中曾指出：“爱国主义是我们民族精神的核心，是中华民族团结奋斗、自强不息的精神纽带。”纵观杜甫的一生，长安求官，因朝廷佞臣的阻碍，屡试不第；安史之乱，他不幸被俘，遭遇牢狱之灾；及至晚年，饱经磨难，居无定所，至死也没有回到心心念念的家乡。虽然一生伴随着磨难，但却加深了他对祖国的情感，并在后期写下了惊天地泣鬼神的血泪诗篇。他的诗歌被称为“诗史”，里面有对整个时局的看法，有对战争性质的认识，有对官府的抨击，有对百姓的体恤，有对朝廷的体谅，有对国家的一颗赤诚之心。其一生无时无刻不在关心着自己的祖国，他对祖国的关爱、颂扬是发自内心的永久之歌。

饱受磨难，心系苍生、胸怀国势。杜甫早期的漫游经历激发了他内心的爱国热情。通过漫游他不仅饱览了祖国的锦绣山川，还陶冶了自己的情操。期间，杜甫写下了大量歌颂祖国河山的美好诗篇，“西岳崚嶒竦处尊，诸峰罗立如儿孙”，“会当凌绝顶，一览众山小”描绘出拳拳热情。“迟日江山丽，春风花草香。泥融飞燕子，沙暖睡鸳鸯”，短短二十字就描绘出了浣花溪一带明丽绚烂的春景。和煦的春风、初放的百花、如茵的芳草、浓郁的花香、静睡的鸳鸯，多么和谐的一幅初春风景图。此外，杜甫在游历了古城建邺、秦淮河北岸的瓦官寺、吴王阖闾的墓地之后，内心对生活的热爱油然而生，他爱这片具有光辉灿烂古迹的文化，爱这片孕育着美好山川的祖国。

杜甫之爱国表现在他的心系苍生、胸怀国事。爱国是一种情感，是具体的、历史的，是对祖国、人民的深切情感，安史之乱后杜甫深刻地意识到百姓对于一个国家的安定是何等重要，在其笔下涌现出了不少为百姓伸张正义的诗句。当他看到百姓被贪官污吏盘剥勒索而无法度日的时候，他向国君发出“谁能扣君门，下令减征赋”的呼唤；当他看到统治者骄奢淫逸，百姓却流离失所的时候，他深感心痛并写下了“朱门酒肉臭，路有冻死骨”；当他看到百姓深陷苦难无法自拔的时候，因同情黎民而主动为他们请愿，写下“死者即已休，生者何自守”的警醒文字，道出了百姓军兴赋繁的沉重。与历代爱国主义诗人相比，杜甫的民本思想饱含着自己的切身感受，那强烈的焦虑感无不是对百姓的深切关怀。他不论一生穷达，都将济世安民作为自己不可推卸的责任，即使在晚年饱受流离之苦无处安身之际，他依然心系百姓。此外，非战的主张也很好再现了杜甫的民本思想，“杀人亦有限，列国自有疆”“纵有健妇把锄犁，禾生陇亩无东西”等诗句都是很好的例证。

仁爱之心，为民请愿、廉政主张。杜甫之爱国更体现在他的为民请愿、廉政主张。他一生对皇帝勤俭纳谏和天下太平的热切期盼之心，也是他理想中的君臣关系、君民关系的倾诉。杜甫《金汤》：“洛下舟车入，天中贡赋均。日闻红粟腐，寒待翠华春。莫取金汤固，长令宇宙新。不过行俭德，盗贼本王臣”。杜甫忧心忡忡地告诫若再不减少靡费，减轻百姓负担，会有更多臣民被逼成为盗贼，语重心长地进谏提倡俭德的重要意义和推行廉政的紧迫性。又进谏皇帝“提封汉天下，万国尚同心。借问悬车守，何如俭德临？时征俊乂人，草窃犬羊侵。愿戒兵犹火，恩加四海深”。要像远离火一样像远离兵戈，让百姓和外番感恩皇天浩德，才能达到天下太平。晚年他还在《往在》中向皇帝进谏：“冗官各复业，土著还力农。君臣节俭足，朝野欢呼同。中兴似国初，继体如太宗。端拱纳谏诤，和风日冲融。”希望无所事事的官僚都各履其职，农民都回到土地上继续耕种，皇帝和大臣们都能节俭克制，上下同心；盼望大唐中兴，像唐朝刚建立那样强盛。

赓续坚守理想、民本情怀的爱国精神。爱国主义是中华民族精神的核心，是社会主义核心价值观的重要内容，是优秀传统文化中不可或缺的一部分。习近平总书记在中共中央政治局第十二次集体学习时强调：“对中国人民和中华民族的优秀文化和光荣历史，要加大正面宣传力度，通过学校教育理论研究、历史研究、影视作品、文学作品等多种方式，加强爱国主义、集体主义、社会主义教育，引导我国人民树立和坚持正确的历史观、民族观、国家观、文化观，增强中国人的骨气和底气。”杜甫心怀天下，纵一生饱受磨难却依然怀有一颗仁爱之心，“位卑未敢忘忧国”，直至临死他亦不曾忘记自己的国家。据考证，《风疾舟中伏枕书怀三十六韵奉呈湖南亲友》是杜甫留给后人的最后一首诗，在临终之际，杜甫关注的依然是国家的命运，他的人格操守、民本情怀，以及一生对理想的坚持，深入每个爱国者的心里，值得我们永远传承。

杜甫的爱国主义思想是中国传统爱国主义思想的精华，它饱含着对祖国的深厚情感。新时期，我们要延续杜甫的爱国情怀，深刻把握爱国主义的时代要求，把爱国主义教育扎根于每个国人的思想政治意识中，树立正确的爱国主义观念，努力提高思想觉悟、道德水准和文明素养，为实现中华民族伟大复兴提供共同精神支柱和强大精神动力。

29 “砸缸救友”司马光

司马光（1019—1086），字君实，世称涑水先生，北宋陕州夏县（今山西夏县）人，是中国古代著名的历史学家、政治家、文学家。他经过 19 年的不懈努力终于在元丰七年（1084）完成了《资治通鉴》的通史巨著，内容以总结历史统治者的正反两方面经验教训为主。在政治上，司马光守旧，竭力反对神宗支持的王安石变法，长期辞官退居。宋神宗死后，司马光被召入京，主持国政，废除了王安石变法的新政。司马光死后被追封为温国公，葬于家乡夏县。

砸缸救友，沉着冷静。司马光和一群小孩子在庭院里面玩，一个小孩站在大缸上面，失足跌落缸中被水淹没。在其他的孩子们吓得惊慌失措，边哭边喊，跑到外面向大人求救的时候，小小司马光却急中生智，从地上捡起一块大石头，使劲向水缸砸去，“砰！”水缸破了，缸里的水流了出来，被淹在水里的小孩也得救了。这件偶然的事件使小司马光出了名，东京和洛阳有人把这件事画成图画，被人们广泛流传。

典地藏妻，为公清廉。司马光为人温良谦恭、刚正不阿。他举忠斥奸，不为身谋。在《谏院题名记》中，司马光要求做谏官的“当志其大，舍其细，先其急，后其缓；专利国家，而不为身谋。彼汲汲于名者，犹汲汲于利也。其间相去何远哉”！司马光曾经说自己平生所作所为，没有一件事是不能对人讲的。司马光廉洁奉公、以节俭为乐的品德更是一直被众传颂。仁宗皇帝临终前曾留下遗诏，要赏赐司马光等大臣一批金银财宝，司马光领衔上书，陈述国家穷困，不愿受赏。但几次都未被批准，最后他将赏赐自己的一份交给谏院，充作公费。司马光在洛阳任职时，曾买地修筑了一所居住、读书、游览的“独乐园”，幽雅简朴，他非常满意。但当皇上的使臣到这所宅院来向他问政时，却为这低矮的瓦房、间隔的陈设暗暗发笑，他不能相信名扬天下的“司马相公”会这样寒碜！司马光的妻子死后，没有钱办理丧事，儿子司马康和亲戚们主张借些钱，把丧事办得排场一点，司马光不同意，并且教训儿子处世立身应以节俭为可贵，不能动不动就借贷。最后还是把自己的一块地典当出去，才草草办了丧事。

编著通史，以史为鉴。司马光勤奋好学、做事用功刻苦，呕心沥血著《资治通鉴》。他在馆阁校书以及任天章阁待制兼侍讲官时，看到满架满架的都是史书，几间屋子都放不下，如此浩瀚的朝野史籍，一个人穷毕生之精力也是看不过来的。于是他逐渐产生了一个想法——编写一本既系统又简明扼要的通史，使人读了之后能了解几千年历史的兴衰得失。这一想法得到了他的好友、历史学家刘恕的赞同和支持，于是在嘉祐年间，司马光便在公事之余开始了志书编写。初名《通志》，《通志》历经英宗、神宗两代，神宗认为《通志》比其他的史书更便于阅读，也易于借鉴，就召见司马光，大加赞赏，并赐名《资治通鉴》，说它“鉴于往事，有资于治道”，还要亲自为《资治通鉴》作序。神宗元丰七年（1084），《资治通鉴》最后脱稿修成，前后共耗时 19 年。在这 19 年中，司马光付出了巨大的劳动，特别是在洛阳的 15 年里，几乎付出了他全部的精力和心血。司马光在《进〈资治通鉴〉表》中说：“臣今筋骸癯瘁，目视昏近，齿牙无几，神识衰耗，目前所为，旋踵而忘。臣之精力，尽于此书。”司马光为编书，常常废寝忘食，有时家里实在等不到他回来吃饭，便将饭送至书局，还要几次催他才吃。司马光每天修改的稿子有一丈多长，而且上边没有一个草字。他的房子低矮窄小，夏天闷热难堪，洒下的汗珠把书稿都浸湿了。后来，他请匠人在书房里挖了一个大深坑，砌上砖，修成一间“地下室”，他就在这个冬暖夏凉的地方，专心致志地埋头编书。他对史料考核极其认真，追根寻源，反复推敲，不断修改。《资治通鉴》编成后，洛阳存放的未用残稿就堆满了两间屋子，可见他为这本书付出了多少辛劳！

司马光一生勤奋好学、节俭朴素、为人正直、诚实守信、为官清廉、敢言直谏，生前身后都享有很高的赞誉，受世人景仰。

司马光厌恶那些自私自利、阴险卑鄙、完全不顾国家和大局利益的小人，更折射其心向光明磊落、天下为公的爱国主义思想。政治生活中的司马光，真可谓“君子坦荡荡”。司马光和王安石均为北宋中期著名的宰相，曾就“变法”一事发生过激烈的争执。争执是为了实现北宋王朝的富国强兵和百姓的安居乐业，两人的分歧也体现了为国为民担忧的责任感，他们以天下为己任的政治抱负是相同的。他们的分歧是同一政治目标下选择不同政治方法的分歧，在维护封建统治集团利益这一点上是殊途同归。因此，司马光在和王安石的争斗不能取胜时，便主动选择回避和退让，而不是伺机报复或恶意中伤。关于变法之争，司马光和王安石没有丝毫的个人恩怨和私利，而是以国家利益和大局为根本出发点，真心为国家社稷考虑，以及坦荡的胸襟和无私的情怀，以及朴素的爱国主义思想。

天下为公，执政为民。司马光任地方官职期间，尽心地方政务，同时不忘关心国家大事。他毕生忠诚于国家和君主，死后赐碑“忠清粹德”，为国家社稷殚心竭力，鞠躬尽瘁，忠信爱国乃其人生信条。司马光的爱国思想更多地体现在对封建统治的维护，这与当下弘扬和提倡的爱国精神在性质上有根本的不同。但他不计个人恩怨和私利，无论身居高位，还是人在江湖，都将国家大局利益放在首要地位的思想是值得肯定和借鉴的。他的爱国情怀、磊落行为值得我们学习；他身居国家要职，手握国家重权，秉承天下为公，执政为民的思想，绝不以个人一己私利打击报复、中伤陷害官场同僚，此亦是吾辈党员干部应有之工作作风。

勤勉治学、敬业求实。司马光主编《资治通鉴》，殚精竭虑，没有一丝一毫的马虎和松懈。在编书期间，司马光与洛阳名贤邵雍、文彦博等多有来往。《邵氏闻见前录》云：“公尝问康节曰：‘某何如人？’曰：‘君实脚踏实地人也。’”司马光一生有很多的头衔，都给予他很高的评价，但他最认可、最中意的是邵康节的“脚踏实地”的评价。邵康节（邵雍的谥号）“脚踏实地”的美誉，把司马光稳重踏实、敬业求实的精神品质淋漓尽致地表达了出来。《资治通鉴》之所以能流传至今、享有盛赞，是因为其是从浩如烟海的史料中撷取有关国家兴衰、生民休戚之事，以古鉴今，垂训后世，更重要的是它是以敬业求实的精神写出的一部信史，这部历史巨著的问世，正是司马光敬业求实精神的真实写照。眼下，敬业求实依然是对公民职业行为的价值评判标准。曾几何时，浮躁的社会风气下，许多人急功近利、好高骛远，司马光无疑是我们的一面镜子，他脚踏实地、一丝不苟、勤勉治学的做事风格及敬业精神，为我们树立了学习的标杆，指明了努力的方向，其思想的现实指导意义依然强烈浓厚。

传承孝悌文化，弘扬传统美德。司马光孝顺父母，至真至诚，对待兄弟亦是恭敬到了极处，也爱护到了极致。据载，他每次回故乡为父母扫墓，一定要去探望哥哥司马旦。司马旦年近 80 岁，司马光年事也不小了，但照料兄长的事，从不委由他人代劳，凡事都亲自操持。侍奉兄长如同侍奉父母一样地尽心尽力，如同照顾婴儿般地无微不至，留下了“保兄如婴”的典故。友爱孝悌是中华民族的传统美德，亦是社会主义新型人际关系的重要标准。司马光友爱孝悌，无疑是我们学习效仿的榜样，他的这种思想精神在今天依然绽放着绚丽的色彩。

司马光思想有其时代局限性成分，但他爱国、敬业、友善的思想言行与当今社会主义核心价值观提倡的个人道德内核要求有其共通之处，对当今公民道德思想的影响、人生价值观的引导具有不可低估的作用，对其思想，我们要取其精华、去其糟粕，进行合理地继承和发扬，为当今社会道德建设服务。

30 精忠报国岳飞

岳飞（1103—1142），字鹏举，宋相州汤阴县（今河南汤阴）人，南宋抗金名将，中国历史上著名的军事家、战略家，抗金英雄，位列南宋中兴四将之首。

有勇有谋，汗马功劳。岳飞从 1128 年遇宗泽起到 1141 年为止的十余年间，率领岳家军同金军进行了大小数百次战斗，所向披靡，“位至将相”，成为挽救大宋生存的中流砥柱。

宋钦宗靖康年间，金兵南下，黄河以北的防线瓦解，升平日久的宋军，哪里是女真铁骑的对手，江山社稷岌岌可危。朝廷君臣在和与战的策略中，举棋不定。而此时，金兵已经兵临城下，开封失守，君臣相顾不知所归。靖康二年，北宋灭亡，宋徽宗与宋钦宗两位帝王成了女真人的俘虏，其财物民众被劫掠殆尽，昔日繁华的汴梁也沦为丘墟。

逃到南方的赵构重建宋朝，史称南宋，然而南宋朝廷依然摇摆在战与和之间。当此天子蒙尘、国民流离之际，当金兵渡江，穷追高宗之时，一些爱国将领举兵勤王，而其中最为执着者就是岳飞。“岳家军”在镇江句容北境直抵龙潭镇横贯东西、长达 30 多里的“黄水荡荡，芦苇燕茫”的“黄天荡”，大败金军，又在镇江、常州攻击金军后部，收复建康（今南京）。

起初岳飞被宋高宗所倚重，32 岁就被提升为节度使，并被高宗赐字，亲笔书写“精忠岳飞”。于是，岳飞以为朝廷会全力支持北伐，收复故土。他向宋高宗上书，提出北伐方略，并且立意要迎还二圣，雪民族之耻。怎奈岳飞的迎还宋徽宗与宋钦宗的提议触犯了高宗的心病，他怕到时候危及自己的皇位，出于私心，便从此不再用岳飞。

壮怀激烈，精忠爱国。宋高宗绍兴十年（1140），金兵再次南下，南宋诸多军队，唯岳家军最具战斗力，宋高宗只好再次起用岳飞，岳飞奉命于国家危难之间，出兵收复河南，打破金兀术，使金人胆寒，称“撼山易，撼岳家军难”。此时北伐形势一片大好，国都光复在即。

当岳飞追到距金兵大本营只有 45 里，眼看大功告成，收复江山时，皇帝赵构怕岳飞打败金兵后，接回原先的皇帝，自己王位不保，又怕岳家军强大起来，成为自己政权的威胁，于是连发十二道金牌，命令岳飞退兵回京城临安，以致北伐事业功败垂成，毁于一旦，为天下后世所惜。岳飞挥泪退兵时，中原人民拦住军马，哭声充满了原野。

岳飞挥泪班师，途经镇江，舍舟登岸，带着随员到龙游寺（今金山寺）拜望方丈道悦。道悦和尚学识渊博，爱国心强，见多识广，对许多事情常有英明的预见。道悦听到岳飞来了，非常高兴请岳飞到方丈室叙谈。道悦看岳飞神色不对便问：“元帅这几天可曾遇到意外之事？”岳飞略一沉思，答道：“我昨日夜宿瓜洲时，做一奇梦醒后困惑不解，现在心中还不安。”道悦请他说出来听听。岳飞便道：“昨晚梦见两只犬抱着而言，不知此梦何意，更不知此番回京凶吉祸福。道悦听了，心中一惊：“两犬之中加个言字，是一个‘狱’字，岳元帅此次返回临安，恐有牢狱之灾。”道悦再三劝说岳飞不要回去，但岳飞执意不从。道悦见状，只好在岳飞向他辞别时赠诗两首，暗示岳飞要谨慎行事，以防不测。诗云：“将军此去莫心焦，未审金牌气怎消？谨防海上风波起，滚滚洪流起浪涛。”“风波亭下浪滔滔，千万留心把舵牢。谨防同舟人意歹，将其推翻在波涛。”岳飞回到临安果遭毒手，锒铛入狱。不久被秦桧以“莫须有”的罪名，加害于风波亭下。临刑前，岳飞想到道悦所赠诗作，仰天长叹：“悔不听道悦之言！”后有人将此密告秦桧，秦桧听后拍案大怒，命人将金山寺的风水宝地——七峰（西面朝北、一字排开的七座小山峰）削平，叫金山寺永世出不了高僧，以解心头之恨。后来，人们在这里造了一座七峰亭，用来纪念岳飞和他的好友道悦大和尚。真可谓："七峰亭与风波亭，亭亭相立两关情。"

宋孝宗时岳飞冤狱被平反，改葬于西湖畔栖霞岭。追谥武穆，后又追谥忠武，封鄂王。

古往今来，有多少英雄豪杰壮怀激烈，为了国家出生入死，他们可歌可泣的事迹激励了无数华夏子民。纵观中华民族五千年的历史，爱国主义是中华民族在长期发展中形成了的具有自己特点的思想，是中华文明呈现强大生命力的思想基础，是中华民族充满生机和活力的精神支柱，也是中华优秀传统文化中亘古不变的话题，更是社会发展与进步的主旋律。流传千古的"精忠报国"，义愤填膺的千古绝唱名词《满江红・怒发冲冠》，更是古往今来无数英雄豪杰爱国壮举的真实写照。

天下兴亡，匹夫有责——民族自信与忧国报国意识的统一。中华民族的民族自信是在长期的历史发展中凝聚而成的。壮丽锦绣的河山，孕育了华夏文明，幅员辽阔，地大物博，使中华民族子孙后代为之自信。历史证明，中华民族有自立于世界民族之林的能力，有同自己的敌人血战到底的气概。历史锻造了中华民族的自信心。同时，中华民族在历史发展中也经常经受入侵的危难和种种动乱的磨难。无论是在太平盛世，还是危亡关头，中华民族形成了忧国忧民的忧患意识。

宋朝立国三百余年，两度倾覆，皆缘外患，是唯独没有亡于内乱的国家。岳飞生于北宋后期，恰逢北宋覆灭，胡骑踏破中原，北方土地生灵涂炭，华夏民族遭受千古未有的耻辱，此时涌现了许多爱国志士，而岳飞是其中最为显著者。为永以报国之志，岳母刺字"精忠报国"，反衬的是宋人民族自信之下对金人入侵的同仇敌忾；满腔爱国情的《满江红・怒发冲冠》，诠释的是"齐家、治国、平天下"与"天下兴亡，匹夫有责"的民族责任感。不仅有恢复大宋的志向，也包含着恢复整个华夏世代繁荣的志向。中华民族长期形成的这种"报国意识"已经凝聚成为民族精神的重要支柱，成为中华民族爱国主义的一个富有生命力的生长点。在中国历史上，这种报国意识，不仅增强了民族凝聚力和向心力，而且成为保卫民族独立、捍卫民族尊严、促进国家富强的巨大精神力量，它鼓舞着中华民族的优秀儿女为祖国的繁荣昌盛而前赴后继。在中华民族爱国主义精神中，民族自信和忧国报国意识有机统一，是中华爱国精神的符号，更凝聚着民族自信和向心力，成为推动民族奋进、祖国振兴的强大精神动力。

得民者昌，失民者亡——爱国和爱民的统一。因为当局政府的软弱无能及腐朽，社会充满了贪靡享乐的风气，使得人民大众处于水深火热之中。

抗金英雄岳飞，愁的是风雨中飘零的大宋朝廷的分裂，忧的是生活在水深火热中的大宋子民。“民本”思想是中华民族传统文化精华的组成部分。早在春秋时期，孟子就提出“民为贵，君为轻，社稷次之”。封建社会的开明统治者把社稷与民众比作舟与水的关系，认为水可载舟，亦可覆舟。得民心者，得天下，失民心者，失天下。得民者昌，失民者亡。

鉴往知来，砺行致远。《新时代爱国主义教育实施纲要》指出，爱国主义是中华民族的民族心、民族魂，是中华民族最重要的精神财富，是中国人民和中华民族维护民族独立和民族尊严的强大精神动力。爱国主义精神深深植根于中华民族心中，维系着中华大地上各个民族的团结统一，激励着一代又一代中华儿女为祖国发展繁荣而自强不息、不懈奋斗。

放眼当下，习近平总书记在关于爱国主义的重要论述中明确指出：坚持知国之理、爱国之情、报国之行相贯通是当代中国爱国主义的具体要求。

岳飞把满腔激情和对国家兴亡、民族命运的关切、忧虑付诸到金戈铁马的战场之中。爱国主义必然要落实到每个具体的人身上，体现在每个爱国者的认知、情感和意志行为中。爱国首先表现为一种感情，爱国主义教育首先要涵养和增强人们的爱国之情。这种情感的产生具有一定的自发性。岳母刺字激发了岳飞的爱国热情。

习近平总书记在《知之深　爱之切》一文中，谈到自己的故乡之情时指出，“要热爱自己的家乡，首先要了解家乡。深厚的感情必须以深刻的认识做基础。唯有对家乡知之甚深，才能爱之愈切。”对家乡是如此，对整个国家更是如此。因此，爱国与知国联系在一起，爱国主义感情要建立在对国家的深刻认识基础之上，实现爱国之情与知国之理相贯通。

爱国不能只停留在认识、感情上，必须转化为行动的意志和实践的过程。持续开展深入、持久、生动的爱国主义宣传教育，让爱国主义精神在华夏儿女心中牢牢扎根，培养爱国之情、砥砺强国之志、实践报国之行。在以习近平同志为核心的党中央领导下，在捍卫“两个确立”，做到“两个维护”中，鉴往知来，大力弘扬伟大建党精神，勿忘昨天的苦难辉煌，坚定“四个自信”；砺行致远，牢记“江山就是人民，人民就是江山”，坚守初心，无愧今天的使命担当，不负明天的伟大梦想。

31 爱国词人辛弃疾

辛弃疾（1140—1207），原字坦夫，后改字幼安，中年后别号稼轩，山东东路济南府历城县（今山东济南）人。

立志报国。辛弃疾的爷爷虽然表面上为金国效力，背地里却经常带他登高望远，指着远方山河，爷爷说："孩子啊，这些原本都是我们大宋的领土，长大后别忘了祖国统一啊！"辛弃疾从小就立志要报效家国，日日钻研兵法，勤练武术，苦读文书，只能说，他真是天命所归的将才。14 岁，他就打着"进京赶考"的幌子，开始进燕山勘察金国地形；到 17 岁，他又来到燕山，这次他着手画地形图，为日后大战做准备……

起义反金。直到 1161 年秋天，金国又找茬和南宋开战，金国各地趁机揭竿起义。21 岁的辛弃疾觉得时机已到，便拉上 2000 多个弟兄，举起造反大旗，投奔了山东境内规模最大的一支起义军，带头人名叫耿京。

手擒义端。当时，队里有个和尚叫义端，是个奸诈的墙头草，他嫌自己在营里没权没地位，就偷走了军队的大印，想献给金人换取荣华富贵。本来义端这算盘打得挺好，偏偏漏算一着，这军印是辛弃疾保管的。正当他快马加鞭往金营赶路时，脸上的得意还没散去，便听到身后一阵马蹄声响起，回头一看，吓了一跳，是辛弃疾！只见辛弃疾此时面露杀气，驾着快马有如轻功附体，片刻间便已逼近义端，三两下功夫，便将贼人擒下马来。看着辛弃疾手上那把寒光凛凛的长剑，义端跪在地上瑟瑟发抖，赶忙拍马屁说："兄弟，您真是神兵转世，求您看在往日的兄弟情分上，别杀我啊！"辛弃疾看着他这副嘴脸，鄙夷得不行，在他身上搜出大印后，直接手起刀落，结果了叛徒的性命。

怒擒叛徒。公元 1162 年，也就是手擒义端的第二年，辛弃疾作为义军代表，奉命南下与南宋朝廷联络，他这一走，军营里又出事了。一个叫张安国的叛徒杀了义军的带头人耿京，投奔了金人，并以此为功封了官、领了赏。这个消息传到了刚完成任务，正在返程的辛弃疾耳中，气得他一声大吼，快马加鞭赶回了山东。振奋人心的高潮来了，辛弃疾直接带着 50 个勇士，夜闯 5 万兵马的金军大营，在毫发无伤的情况下，把正在享福的叛徒直接捆走，再不远千里，押解回南宋朝廷，交给皇帝正法。"赤手领五十骑，缚取于五万众中，如挟狡兔。束马衔枚，间关西走淮，至通昼夜不粒食。壮声英概，懦士为之兴起，圣天子一见三叹息"。

步入仕途。辛弃疾一上任，便满腔热忱，想为祖国收复失地，便热情洋溢地上书了一封又一封的文件，如《美芹十论》《九议》。他先后在江西、湖南、福建等地为守臣，平定荆南茶商赖文政起事，又力排众议，创制飞虎军，以稳定湖湘地区。不得不说，辛弃疾真是个全能复合型人才。所以，南宋政府当然想物尽其用，哪个地方有麻烦，就把辛弃疾调到哪儿去。据统计，他竟然被频繁调任了近 40 次，每一任官职短则几个月，最长也不过两年。

感北固亭。1162 年为收复中原，统一祖国，辛弃疾"奉表南归"路经镇江，写下了著名的《南乡子·登京口北固亭有怀》：

何处望神州？满眼风光北固楼。千古兴亡多少事？悠悠。不尽长江滚滚流！

年少万兜鍪，坐断东南战未休。天下英雄谁敌手？曹刘。生子当如孙仲谋！

壮志未酬。1205年，65岁的辛弃疾再次登临北固山览景，凭栏四望，万里长江尽收眼底，面对滔滔的白浪，怀古思乡，引起无限的感慨，又写下了《永遇乐·京口北固亭怀古》：

千古江山，英雄无觅，孙仲谋处。舞榭歌台，风流总被，雨打风吹去。斜阳草树，寻常巷陌，人道寄奴曾住。想当年，金戈铁马，气吞万里如虎。

元嘉草草，封狼居胥，赢得仓皇北顾。四十三年，望中犹记，烽火扬州路。可堪回首，佛狸祠下，一片神鸦社鼓！凭谁问，廉颇老矣，尚能饭否？

公元1207年，金军势如破竹，兵临城下之际，皇帝终于急了，想到辛弃疾，马上召他回朝出兵。但已67岁的他，早已积郁成疾，病重在床，临终之际，还在用最后一口气喊着："杀贼！杀贼！"终究，他没能当上将军，没能驰骋沙场，护国安定，想了一生，盼了一生，却落了个抱憾终身。

爱国，是中华优秀传统文化中永恒不变的话题，也是社会发展与进步的主旋律。在文学领域中，爱国也成为评价作家思想的一个重要体现。谈及辛弃疾，首先想到他是南宋时期著名的爱国词人，同时也是两宋以来留有词数最多的词人。原生的社会大环境造就了辛弃疾，而辛弃疾也没有辜负时代对他的期望。当民族矛盾与阶级矛盾爆发尤为尖锐的时候，他多了几分忧愁，愁的是风雨中飘零的南宋朝廷的分裂，忧的是生活在水深火热中的南宋子民。这样的生活环境与生存现状带给他的是词中的慷慨抱负，以及杀敌报国，收复失地的决心与满腔热血。同时，在辛弃疾的词中也多了几分复杂和矛盾。当期望遇到失望，当所有的热情被现实打破，这时的辛弃疾又将如何淋漓尽致地展现他的爱国之情呢？

爱国主义思想的形成离不开辛弃疾成长的社会大环境。谈及南宋的危机，自12世纪起北方游牧部落就频频侵犯与掠夺宋朝的中原地带，给中原人民带来了巨大的灾难，百姓流离失所、家破人亡是当时社会最典型的写照。不幸的是，辛弃疾就出生在这样一个民族矛盾与阶级矛盾并存的时代，在这里没有选择。无数的同胞被金人虐待，无数的家庭被金人破坏，带给这个少年的只有无限的悲痛，也让这个少年在心中立下了誓与金人抗争到底的铮铮誓言。

生活的困苦，激起了人民的反抗。据史料记载，在1127—1279年期间大大小小的起义就有200多次。起义的背后离不开当局政府的软弱无能，以及腐朽的朝廷风气、贪靡享乐的社会风气、水深火热中的人民大众。一次又一次地对比，激起了人民的反抗与斗争，以更好地维护自己的利益，减轻朝廷的苛捐杂税。斗争的飞速进行势必加剧南宋政府的土崩瓦解。辛弃疾的一生就注定在这充满矛盾与斗争的环境中度过，这样的生活环境也自然而然地对辛弃疾以后的人生道路、生活轨迹，以及词风创作都产生了重大影响，给他带上时代的印记，也为今后爱国主义思想的形成奠定了基础。

放眼当下，习近平总书记在关于爱国主义的重要论述中明确指出：坚持知国之理、爱国之情、报国之行相贯通是当代中国爱国主义的具体要求。辛弃疾一生以恢复中原为志，把自己的拳拳爱国之情付诸到金戈铁马的战场，把满腔激情和对国家兴亡、民族命运的关切、忧虑，全部寄寓于词作创作之中，是千千万万爱国现象的一种。爱国主义从来都不是抽象的，它必然要落实到每个具体的人身上，体现在每个爱国者的认知、情感和意志行为中。

实现爱国之情与知国之理的贯通。爱国首先表现为一种感情，爱国主义教育首先要涵养和增强人们的爱国之情。这种情感的产生具有一定的自发性。人们往往是从爱家乡、爱家乡的父老乡亲开始，逐步扩大到爱整个国家。辛弃疾成长于金朝的统治区，其祖父辛赞身在曹营心在汉，念念不忘的始终是恢复大宋政权。他常带领子孙们登高望远，放眼山河，希图恢复中原。他对辛弃疾寄予的期望尤其殷切，曾两次让辛弃疾去金都燕京参加科举考试，乘机侦察、了解金人的形势。辛弃疾的深厚爱国之情、民族之情就在心中扎根发芽，欲成参天之势。

坚持爱国主义，知行合一。爱国既不能只停留在认识上，也不能只停留在感情上，必须转化为行动的意志和实践的过程。习近平总书记指出，在广大青少年中开展深入、持久、生动的爱国主义宣传教育，让爱国主义精神在广大青少年心中牢牢扎根，让广大青少年培养爱国之情、砥砺强国之志、实践报国之行。

弘扬爱国精神，坚定理想信念。爱国主义从自发情感转化为自觉行为，离不开爱国主义教育的引导和涵育。习近平总书记指出，弘扬爱国主义精神，必须把爱国主义教育作为永恒主题。要把爱国主义教育贯穿国民教育和精神文明建设全过程，做到以理服人、以文化人、以情感人，生动传播爱国主义精神，唱响爱国主义主旋律，让爱国主义成为每一个中国人的坚定信念和精神依靠。

32 大义凛然文天祥

文天祥（1236—1283），初名云孙，字宋瑞，又字履善，自号浮休道人、文山。江南西路吉州庐陵县（今江西吉安）人。庐陵人才辈出，北宋的欧阳修、南宋的胡铨皆是名臣，因欧阳修（文忠）和胡铨（忠简）的谥号都含一个“忠”字，这让文天祥羡慕不已，从小立志要做一个忠臣。文天祥作为南宋末年政治家、文学家，抗元名臣，民族英雄，与陆秀夫、张世杰并称为“宋末三杰”。

少年英才。文天祥 18 岁在乡试中得了头名，20 岁考上了贡士。31 岁在殿试中因痛陈时弊而受到皇帝理宗赵昀赏识，钦定为头名状元。

碧血丹心。1273 年，襄阳失守，蒙古人沿江而下，长江中下游危机。当时蒙古人与南宋已经僵持约 50 年，南宋国力衰微，人才凋零，已经没有底气和蒙古人一战，很多大臣开始首鼠两端。1275 年，蒙古大军兵临临安城下，太皇太后谢道清和年仅 4 岁的宋恭帝赵㬎大骇，急忙向天下人发出勤王诏书，希望天下有志之士来拱卫京师，只是，响应者寥若晨星。当时，文天祥远在江西赣州，见到朝廷的诏书后，他痛哭流涕。文天祥于国家危难之际挺身而出，变卖自己的良田、宅第、连同家中的存款和现金，全部作为勤王的军费。聚集兵众万人，以江南西路提刑安抚使的身份率军东进勤王。文天祥的好友劝他：大宋所谓的正规军在蒙古铁骑面前尚且不堪一击，你这些临时组建的杂牌军如果冲到前线，无异于以卵击石。文天祥回答说："吾亦知其然也。第国家养育臣庶三百余年，一旦有急，征天下兵，无一人一骑入关者，吾深恨于此，故不自量力，而以身徇之，庶天下忠臣义士，将有闻风而起者……如此，则社稷犹可保也。"文天祥的意思是说，他自己也知道此行是羊入虎口，但国家有难却无人出头，他要以身殉国，来唤醒天下民众。

舍生取义。在蒙古铁骑如泰山压顶般南下的时候，文天祥率领残兵鏖战三年，苦苦支撑，最终在岭南潮阳县（今广东汕头）被元军千户王惟义俘虏。在被押送途中写下了这首气势磅礴，情调高亢的《过零丁洋》：

辛苦遭逢起一经，干戈寥落四周星。
山河破碎风飘絮，身世浮沉雨打萍。
惶恐滩头说惶恐，零丁洋里叹零丁。
人生自古谁无死，留取丹心照汗青。

国势飘零如雨打浮萍，我辈不能挽救社稷和百姓，所能做的只有不愧对祖先的英名。这就是文天祥，"宋朝三百年间第一人"，面对威逼利诱，宁死不屈，一身浩然正气"凛然万古存"。

宁死不降。1276 年正月，谢太后执意投降，丞相陈宜中竟连夜遁逃，文天祥即被任右丞相兼枢密使都督出使议和。谈判中，文天祥不畏元军武力，痛斥伯颜，慨然表示要抗战到底遂被扣留，又被押乘船北上，文天祥初以绝食抗议，后在镇江虎口脱险。1277 年，文天祥率军移驻龙岩（今福建龙岩）、梅州（今广东梅州），挺进江西。在雩都（今江西于都）大败元军，攻取兴国，收复赣州十县、吉州四县，人心大振。1278 年，文天祥在海丰（今广东汕尾）北五坡岭遭元军突然袭击，兵败被俘，立即服冰片自杀，未果。在被一辆囚车押送到达元朝首都后，他被关押了将近四年，经受过无数回劝降的考验。劝说他的人里包括元朝宰相、元帝忽必烈、文天祥从前的朝中同事、宋朝状元宰相，乃至已降元的宋朝皇帝本人等，但他丝毫不曾改变早已立定的志向。

就像文天祥被杀后留在衣带中的遗言：

孔曰成仁，孟曰取义，惟其义尽，所以仁至。

读圣贤书，所学何事？而今而后，庶几无愧。

在浩瀚的历史长河中，中华民族从来不缺乏爱国的仁人志士，有春秋战国时期的先贤——孔子驾着牛车颠簸而来，吟诵着“知其不可而为之”的如雷箴言；有“文能提笔安天下，武能上马定乾坤”的辛弃疾，金戈铁马，气吞万里如虎；更有精忠报国，坚贞不屈的爱国真勇士——文天祥。

高度爱国与民族气节的统一。山河破碎，国将不国，面对祖国残破的山河，面对天下劳苦的大众，面对这多舛而蒙昧的时代：文天祥视死如归、舍生忘死，挥金戈踏铁马，率万余兵骑，北上抗敌，不复中原，誓不休。

胡骑啾啾，战车辘辘，文天祥在颠簸的历史里站成一座丰碑，化身成为一颗闪耀的星。悠悠八百载，多少人事休，而文天祥的爱国精神、民族气节依旧散发熠熠光辉。

文天祥作为状元，三甲之首，才华横溢，文人墨客时，以笔为剑，针砭时弊，抒发己志，挥毫泼墨间，佳句已出——“人生自古谁无死，留取丹心照汗青”；“镜里朱颜都变尽，只有丹心难灭。去去龙沙，江山回首，一线青如发”。虽是无限遗恨的喟叹，却挟带着穿金破石的风声辗转千年，成为时代的最强音！

弃笔从戎，一腔热血献祖国，在那风雨飘摇的年代，文天祥以其博学强记之功，任人唯贤之志，借朝廷微薄之力，扶住将倾的南宋大厦，虽屡败而屡战，直至被俘，仍知其不可而为之。文天祥以文弱之躯，践行了孔圣人为理想而不屈的战斗情怀！彰显了高度的民族气节！

道义坚守与悲悯苍生的统一。即使兵败被俘，身为牢囚，已成砧板上的鱼肉，受尽威逼利诱，忍受漫长幽禁，也未摧折文天祥刚直的傲骨，文天祥坚守着内心对国家忠诚的信仰，坚守着孔孟之道对中国文人尽善尽美的教诲，一个不屈的灵魂在历史的长河中永垂不朽。文天祥指挥的兵马，虽未能气吞万里，但其凛凛正气，黯淡了星辰，光润了日月，在华夏儿女心中树立了屹立不倒的丰碑。

文天祥心系黎明苍生，情牵人民百姓，即使兵败被俘，想到的也不是自己的安危，而是黎民百姓。他深知，达子好血性好滥杀无辜，可他再也无力救百姓于水火之中，只能用笔墨描绘他的忧国忧民之情！

精神支柱，永垂不朽。文天祥的爱国之心，报国之志，激励无数中华儿女不懈奋斗，前仆后继，勇往直前，为中国的繁荣昌盛而奋斗！为中华民族的伟大复兴而奋斗，为中国人民的安居乐业而奋斗！

他面容憔悴，但襟袖间仍是一片清风朗月；他形容枯槁，站立间仍是照亮后世之人道路的灯塔。一抔黄土，一座孤冢，文天祥的躯体葬在这最卑微的泥土里，但他的精神早已充盈在天地之间！

近千年的历史如长江之水滚滚逝去，文天祥崇高的灵魂卓立于天边，其精神被牢牢记在了中华史册上。“天地有正气，杂然赋流形。下则为河岳，上则为日星。”文天祥这个响彻近千年的民族英雄的名字，一直激励着无数仁人志士、有为青年，在祖国需要他们的时候，迎难而上，共赴国难。于是，就有了戚继光抗倭的大旗，史可法如炬的目光，林则徐焚烟的火把；于是，就有了台儿庄城头破碎的战旗仍迎风招展，乌斯浑河接纳八位女战士时痛苦的漩涡，狼牙山为接住跳崖的壮士而残损的树枝。无数铁骨铮铮的英烈站成了一道又一道精神的万里长城！“满地芦花和我老，旧家燕子傍谁飞？从今别却江南日，化作啼鹃带血归。”这就是文天祥，我们中华民族需要一种有血性的民族精神，文天祥就是这种精神的最杰出代表，他的这种精神，一代一代传承下来，成为我们中华民族宝贵的精神财富。

“富贵不能淫，威武不能屈。”文天祥崇高的民族气节和伟岸的爱国身躯，同清正廉洁的中华民族传统美德，向世人传承着正气、清风与担当情怀，这就是根植在中华民族最深处、影响最大的精神品质，这就是爱国情怀。在中华民族几千年绵延发展的历史长河中，这种精神始终是把各民族团结在一起的精神力量，激励着一代又一代中华儿女为祖国发展繁荣而不懈奋斗。

“人生自古谁无死，留取丹心照汗青。”臧克家纪念鲁迅诗云：“有的人死了，他还活着。”文天祥，他宁死不屈，以死报国，可歌可泣的爱国精神，永远流淌在中华民族的血脉里，让一代又一代中华儿女在天地之间昂起不屈的头颅！

33 “抗倭英雄”戚继光

戚继光（1528—1588），字元敬，号南塘、孟诸，登州（今山东蓬莱）人。明朝抗倭名将，民族英雄，杰出的军事家、书法家、诗人。他被兵部侍郎、浙江总督胡宗宪夸赞“勇冠三军，身经百战，累解桃渚之厄，屡扶海门之危”，“且任劳任怨，挺身干事，诚无出其右者”。同僚们称赞他“批亢捣虚，彼且畏之如虎；除凶雪耻，斯民望之如云”，“岂直当今之虎臣，实为振古之名将”。民族英雄戚继光，“万人一心兮，泰山可撼！惟忠与义兮，气冲斗牛”。放眼东海，他擎起戚家军的军旗，插入东海的礁石，将倭寇驱逐出境。

心存远志，抗倭卫国。戚继光自幼聪慧，勤习文武，读书之余，常“融泥作基，剖竹为杆，裁色楮为旌旗，聚瓦砾为阵垒，陈列阶所，研究变合”。时遇东南沿海倭寇为患，他以“封侯非我意，但愿海波平”为志，致力于平定倭寇之乱，以民为本，为民谋生路谋利益。

治军严明，军民一体。戚继光主张“严号令”，“明恩威”，“擂鼓进军，虽水火不却步；鸣金收兵，虽金银不贪”。他视百姓如父母，常以“军民相体”教育士兵，时时鼓励官兵杀贼保民，构筑了一道沿海人民齐心协力抗倭的钢铁阵线。“戚家军”所到之处，秋毫无犯，百姓“扶老携幼，快睹威颜者道路充塞”，并“淅米而炊，扫榻以款，士卒如大宾贵客”。

博览群书，著述颇丰。戚继光著有《纪效新书》《莅戎要略》《武备新书》《练兵实纪》《止止堂集》等。他带兵打仗不为书本知识所束缚，能够因地因时制宜，积极寻求制胜良策。

领戚家军，十年抗倭。明初开始，倭寇对中国沿海进行侵扰，从辽东、山东到广东漫长的海岸线上，岛寇倭夷，到处剽掠，沿海居民深受其害。明初筑海上十六城，籍民为兵，以防倭寇，取得了一些成效。至嘉靖时，倭寇又猖獗起来，并与中国海盗相勾结，对闽、浙沿海地区侵扰如故。嘉靖三十四年（1555），“倭寇突犯会稽县，流劫杭州，突徽州歙县，至绩溪、旌德，屠掠过泾县，趋南陵，至芜湖。烧南岸，趋太平府，犯江宁镇，直趋南京，横行三省八十余日”，杀死杀伤官兵四五千人，包括明朝一御史、一县丞、二指挥、二把总。倭寇肆虐，大批农民破产，民不聊生，明朝的国力及发展受到了严重影响。倭寇开始于元朝末年，在明朝时期逐渐发展壮大，也成为明朝政府的一大祸患。

起初，戚继光继承祖上的职位，任登州卫指挥佥事。两年后，他负责管理登州卫所的屯田事务，当时山东沿海一带遭受倭寇的烧杀抢掠。面对百姓受到的苦难，戚继光决心抗倭。嘉靖三十二年（1553），戚继光受张居正的推荐，进署都指挥佥事一职，管理登州、文登、即墨三营二十五个卫所，防御山东沿海的倭寇。嘉靖三十四年（1555），戚继光被调往浙江都司佥事，并担任参将一职，防守宁波、绍兴、台州三郡。自此开启了他东南沿海抗倭的战斗史。

嘉靖三十六年（1557），汪直余党作乱于岑港，戚继光等人久攻不下，只得戴罪杀敌。一年后，倭寇不敌，戚继光和俞大猷趁机发起进攻，击沉倭寇大船。之后，戚继光到浙江赴任，发现卫所的将士作战能力一般，而金华、义乌的人比较彪悍，于是戚继光前往招募了三千人，在戚继光的指导训练下，将其练成一支精锐的部队，后称“戚家军”。戚继光根据南方多沼泽的地理特点制定阵法，又给他的部队配备火器、兵械、战舰等装备，戚家军因此名闻天下。

嘉靖四十年（1561），倭寇大举进攻桃渚、圻头等地，戚继光率军扼守桃渚，于龙山大破倭寇，戚继光一路追杀至雁门岭。倭寇遁走之后，乘虚袭击台州，戚继光一马当先手刃倭寇首领，余党走投无路，全部坠入瓜陵江淹死。而圻头倭寇竟又来侵犯台州，戚继光率军于仙居将其全歼。而后，闽、广一带的倭寇流入江西一带作乱，总督胡宗宪无法平定，于是让戚继光来增援，戚继光率军于上坊巢将其击破，倭寇奔走建宁，戚继光引军回浙江。

嘉靖四十一年（1562），倭寇进犯福建，并联合福宁、连江等地的倭寇，先后攻陷寿宁、政和、宁德等地。胡宗宪传令让戚继光带兵剿贼。戚继光领命后，引兵先进攻横屿，横屿四面水路险隘不易通行，戚继光命将士每人手持一束稻草，填壕而进，大破横屿倭寇，斩首两千二百余级。而后，戚继光乘胜追击，杀至福清，捣毁牛田，端了倭寇巢穴。倭寇余党慌忙逃往兴化，戚继光也不停歇，一路狂追，又捣毁倭寇据点六十余营，斩首无数。经过几番战斗，闽广一带的倭寇几乎被戚继光杀光。

嘉靖四十二年（1563），倭寇占据平海卫。四月，戚继光率领浙江兵前来支援。戚继光到后，谭纶立刻筹备对倭寇的总攻，先在各海道上环立栅栏阻断倭寇归路。而后，谭纶以刘显为左军，俞大猷为右军，谭纶自领中军，以戚继光为先锋，围攻平海卫，一举告破，斩首两千余级，戚继光等率兵追击，倭寇道路不通，又被斩杀三千多人。

嘉靖四十三年（1564），倭寇余党纠合一万多人围攻仙游，打了三天，戚继光率兵前往解围，倭寇败走，戚继光率军追击，追至王仓坪，斩首百余级，不少人都坠于悬崖摔死。余党数千人逃走占据漳浦蔡丕岭。戚继光分五哨将士攀岩而上，与倭寇短兵相接，连俘带杀一百多人。剩下的倭寇劫掠渔船逃到海上，而后侵扰福宁，戚继光率领李超等前往将其击败，又乘胜追至永宁，杀死三百多人。

同年，潮州倭寇聚众两万，与海盗吴平互为犄角之势劫掠潮州，俞大猷率兵杀败倭寇，并将吴平招降，让吴平驻扎在梅岭。但不久之后，吴平纠合被明军击败的流散倭寇一万多人，伙同林道乾、曾一本先后在走马溪、泊浦澳登陆，洗劫南村堡和港口村。戚继光即刻率军前来围剿，吴平得知后放弃之前据守的梅岭，集合大船一百多艘，逃入南澳，并修筑大寨防御。

嘉靖四十四年（1565），俞大猷率领水军，戚继光率领步兵，二人合力围剿吴平，吴平兵败，孤身逃往凤凰山。戚继光等人率军解仙游之围，灭山贼吴平于南澳，基本平息了东南沿海的倭患。

戚继光自嘉靖三十四年（1555）开始，率领戚家军抗倭十余年。嘉靖四十四年（1565），又与俞大猷会师，歼灭广东的倭寇，完全解除东南沿海的倭患，救百姓于水火，被誉为“民族英雄”。

古往今来，多少英雄烈士壮怀激烈，为了国家出生入死，他们用自己的鲜血染红了中国的土地，用自己的身躯为中华民族抵御外敌，用自己坚强的意志激励着无数华夏子民。纵观中华民族五千年的历史，回顾任何一位英雄烈士的事迹，不难发现，爱国主义是中华民族在长期发展中形成的思想，是中华民族继往开来的精神支柱，是维护祖国统一和民族团结的纽带，是实现中华民族伟大复兴的动力，是个人实现人生价值的力量源泉，也是中华优秀传统文化中亘古不变的话题，更是社会发展与进步的主旋律。易姓改号，谓之亡国；文化灭绝，谓之亡天下。“天下兴亡，匹夫有责”。

民族自信与忧国意识的统一。中华民族的民族自信是在长期的历史发展中凝聚而成的。民族自信是一个民族的肯定的、积极的自我认识和自我评价。基于此，可以认识到自己对整个人类发展的崇高价值，因而产生对于本民族进一步生存和发展能力及光辉灿烂前景的确信。壮丽锦绣的河山，孕育了华夏文明，幅员辽阔，地大物博，使中华民族子孙后代为之自信。历史证明，中华民族有自立于世界民族之林的能力，有同自己的敌人血战到底的气概。正是历史锻造了中华民族的民族自信。

中华民族是一个饱经忧患的民族，因此在千百年生存发展进程中，它始终强调“生于忧患而死于安乐”；它认识到“祸兮福之所倚，福兮祸之所伏”，强调未雨绸缪，防患未然。

忧患意识，是中华民族的生存智慧，是促进国家进步、民族振兴的催化剂和动力源。在长期的发展中，中华民族倡导忧国忧民，“先天下之忧而忧，后天下之乐而乐”，以天下为己任，任劳任怨；它将忧患与勤俭和勤政相联系，“居安思危，戒奢以俭”，总结出“忧劳可以兴国，逸豫可以亡身”的宝贵经验教训。

在中华民族爱国主义精神中，民族自信和忧国报国意识有机统一，是中华爱国精神的符号，凝聚着民族自信和向心力，成为推动民族奋进、祖国振兴的强大精神动力。

爱国与爱民的统一。朝廷的腐败，倭寇的掠夺，百姓的无助，这是明朝沿海地区的时代局势。倭寇之乱，给沿海人民带来了巨大的灾难，家破人亡、流离失所是当时社会上最典型的写照。朝廷软弱，人民受难。

在这种情况下，戚继光视百姓如父母，常以“军民相体”教育士兵，时时鼓励官兵杀贼保民。在剿倭战争中，戚继光身先士卒，与士兵同甘共苦；严格要求士兵，不准扰害百姓，做到兵民相体。戚家军依靠人民的力量，在抗倭斗争中屡建战功，并最终取得了抗倭斗争的胜利。

民为邦本，本固邦宁。爱国即是爱民，爱民即为爱国。中华民族的爱国主义以民为本，重视人民的力量，一切为了人民，一切依靠人民。习近平总书记在庆祝中国共产党成立 100 周年大会上的重要讲话中指出：“以史为鉴、开创未来，必须团结带领中国人民不断为美好生活而奋斗。”中国的历史表明，牢牢扎根人民、紧紧依靠人民，有了民心所向、民意所归、民力所聚，我们就能够克服任何困难，就能够无往而不胜。

以史为鉴，砺行致远。戚继光把满腔激情和对国家兴亡、民族命运的关切、忧虑全部付诸到抗倭斗争之中。爱国不仅仅是口号，更要落实到每个人的生活中，体现在每个爱国者的认知、情感和意志行为中。爱国是一种意识，是一种自发的无意识的刻在骨子里的观念。民族危亡之际，每一个中国人会深切地意识到爱国的重要性，会不顾一切地为中华民族而奋斗，这就是中国的民族意识和爱国精神。

34 明道救世顾炎武

顾炎武（1613—1682），本名顾绛，字宁人，人称亭林先生，南直隶昆山（今江苏昆山）人。明末清初杰出的思想家、经学家、史地学家和音韵学家，与黄宗羲、王夫之并称为明末清初“三大儒”。顾炎武被称作清朝“开国儒师”“清学开山”始祖，学识渊博，在经学、史学、音韵、金石考古、方志舆地及诗文诸学问上都有较深造诣，建树了承前启后之功，成为开启一代学术先路的杰出大师。

顾炎武活跃于明清朝代更迭的时期，明朝灭亡后，年仅 32 岁的顾炎武誓不损节，不为清朝服务，还参加抗清复明的“复社”，誓死保卫自己的国家。清兵入关后，顾炎武不愿归附于清，先后依托于弘光政权、佥都御史王永祚、唐王朱聿键、诗社，组织反清活动。后期，拒绝朝廷征辟，一生辗转南北。

一代儒生，思想巨匠。顾炎武以经世致用的鲜明旨趣，朴实归纳的考据方法，创辟路径的探索精神，以及他在众多学术领域的成就，终结了晚明空疏的学风，开启了一代朴实学风的先路。他还提倡“利国富民”，并认为“善为国者，藏之于民”。他大胆怀疑君权，并提出了具有早期民主启蒙思想色彩的“众治”的主张。他提倡经世致用，反对空谈，注意广求证据，提出：“君子为学，以明道也，以救世也。徒以诗文而已，所谓雕虫篆刻，亦何益哉?”他遵守做学问必须先立人格的原则，坚守“礼义廉耻，是谓四维”的信条。

历史学家钱穆称赞其重实用而不尚空谈，“能于政事诸端切实发挥其利弊，可谓内圣外王体用兼备之学”。顾炎武所提出的“天下兴亡，匹夫有责”这一口号，振聋发聩，影响深远；他的以天下兴盛为己任，以民族繁荣为使命的大局观、国家观，激励着无数中华儿女前仆后继，勇往直前，为中华民族的伟大复兴而奋斗。

投身南明，为国谋划。起初，顾炎武暂居语濂经，由昆山县令杨永言举荐，投入南明朝廷，任兵部司务。顾炎武把复仇的希望寄托在弘光小朝廷之上，满腔热忱，“思有所建白”，撰成《军制论》《形势论》《田功论》《钱法论》，即著名的“乙酉四论”，为南明朝出谋划策，针对南明政权军政废弛及明末种种弊端，从军事战略、兵力来源和财政整顿等方面提出一系列建议。

弃笔从戎，一心抗清。顺治二年（1645）五月，顾炎武取道镇江赴南京就职。尚未到达，南京即为清兵攻占，弘光帝被俘，南明军崩溃，清军铁骑指向苏杭。其时，江南各地抗清义军纷起。顾炎武和挚友归庄、吴其沆投笔从戎，参加了佥都御史王永柞为首的一支义军。诸义军合谋，拟先收复苏州，再取杭州、南京及沿海，一时“戈矛连海外，文檄动江东”。抗清失败后，顾炎武潜回昆山，又与杨永言、归庄等守城拒敌。这年闰六月，明宗室唐王朱聿键在福州称帝，年号隆武。经大学士路振飞推荐，隆武帝遥授顾炎武为兵部职方司主事；由于嗣母新丧，顾炎武一时难以赴任，只能“梦在行朝执戟班”。顾炎武一生奔走于各股抗清力量之间，意图纠合各地义军伺机而动。然而，弘光及闽浙沿海的隆武等南明政权先后瓦解，顾炎武亲身参与的抗清活动也一再受挫，但是顾炎武并未因此而颓丧。他以填海的精卫自比：“万事有不平，尔何空自苦，长将一寸身，衔木到终古。我愿平东海，身沉心不改，大海无平期，我心无绝时。呜呼！君不见，西山衔木众鸟多，鹊来燕去自成窠。”

顾炎武这种忠于国家忠于民族忠于人民的大胸襟、大气度、大格局深深感动着成千上万的中华儿女；这种誓死不降的民族气节，马革裹尸的无畏勇气深深激励着中华儿女为中华民族的繁荣昌盛而不断奋进，抛头颅洒热血，无畏牺牲。

爱国主义是中华民族对祖国最深厚、最高尚、最神圣的情感，其深深植根于中华民族的心中，是中华民族的精神基因，维系着华夏大地上各民族的团结统一，激励着一代又一代中华儿女为祖国的繁荣发展而不懈努力。

我们着眼于历史长河，于历史的褶皱中与爱国先烈对话，顾炎武一代大儒，文弱书生天下志，弃笔从戎报国心。顾炎武身上的民族气节，以天下为己任的胸襟，正是古往今来无数英雄豪杰爱国的生动体现。

高度的民族气节与强烈的爱国意识的统一。顾炎武生逢朝代更替的乱世，他弃笔从戎，忠于自己的国家，参加南明抗清活动。在血与火的洗礼中，在生与死的徘徊中，顾炎武将家国命运与个人荣辱系于一体，在“反清复明”的矢志不渝追求中，为自己所理解的国家即明朝及自己所构想出的理想社会奋斗一生。

顾炎武一生拒仕清廷，结交各地豪杰，徐图复明大计，以死明誓，发出震撼人心之语：“七十老翁何所求？正欠一死！若必相逼，则以身殉之矣！”誓死不做清廷官是顾炎武的操守也是顾炎武的底线，是他对自己国家的忠诚。

高度的社会责任感与浓厚的家国情怀的统一。顾炎武半生漂泊，即使颠沛流离，四海为家；即使遭逢变故，家产尽失，他仍以天下为己任。尽管处境困顿，胸中的希望之火也未曾熄灭。他曾发出振聋发聩之语：“天下兴亡，匹夫有责。”顾炎武一生心怀天下苍生，刻骨铭心地热爱自己的民族和国家，提倡利民，他的“藏富于民”“还利于民”的家国理念至今仍让世人难忘。顾炎武提倡“保护天下人民的利益和安全，是每一个普通人应尽的道德责任。”他一直以“博学于文”和“行己有耻”作为“天下兴亡，匹夫有责”的道德责任在个人道德实践上的具体要求，坚持“经世致用，明道淑世”。自一身以至于天下事，淡泊名利，以国家利益为先，培养自身高度的责任感与坚贞的气节。

以史为鉴，以明未来。习近平总书记在第十二届全国人民代表大会第一次会议讲话中强调：“实现中国梦必须弘扬中国精神。这就是以爱国主义为核心的民族精神，以改革创新为核心的时代精神。这种精神是凝心聚力的兴国之魂、强国之魂。爱国主义始终是把中华民族坚强团结在一起的精神力量，改革创新始终是鞭策我们在改革开放中与时俱进的精神力量。全国各族人民一定要弘扬伟大的民族精神和时代精神，不断增强团结一心的精神纽带、自强不息的精神动力，永远朝气蓬勃迈向未来。”

顾炎武用他颠沛流离无比坎坷的一生向后人诠释铁肩担道义，妙手著文章。他针砭时弊，著书明理，向后人展示他高度的爱国主义精神与强烈的社会责任感、民族自豪感，彰显其浓厚的家国情怀。

习近平总书记在北京大学师生座谈会上曾说道：“爱国，是人世间最深层、最持久的情感，是一个人立德之源、立功之本。孙中山先生说，做人最大的事情，‘就是要知道怎么样爱国’。我们常讲，做人要有气节、要有人格。气节也好，人格也好，爱国是第一位的。我们是中华儿女，要了解中华民族历史，秉承中华文化基因，有民族自豪感和文化自信心。”作为中国青年，我们生在红旗下，长在春风里，是新时代的弄潮儿，是祖国未来的继承者、发扬者、建设者，中国的未来属于青年，中华民族的未来也属于青年。青年一代的理想信念、精神状态、综合素质，是一个国家发展活力的重要体现，也是一个国家核心竞争力的重要因素。因此，作为新时代的青年，我们要树立“为天地立心，为生民立命，为往圣继绝学，为万世开太平”的信念，从小事入手，真抓实干，勤勤恳恳，坚持面向现代化、面向世界、面向未来，增强知识更新的紧迫感，如饥似渴学习，既扎实打牢基础知识又及时更新知识，既刻苦钻研理论又积极掌握技能，不断提高与时代发展和事业要求相适应的素质和能力。坚持中国特色社会主义道路，坚定不移地支持中国共产党的领导，继承发扬社会主义核心价值观，既要时时想到国家，又要处处想到人民，全心全意为人民服务，做到“利于国者爱之，害于国者恶之”。

风声雨声读书声声声入耳，家事国事天下事事事关心。爱国，不能只停留在口号上，而是要把自己的理想同祖国的前途、把自己的人生同民族的命运紧密联系在一起，扎根人民，奉献国家，真正做到“我将无我，不负人民”。

35 忠义爱民陈化成

陈化成（1776—1842），字业章，号莲峰，汉族，福建同安县（今福建厦门）人，抗英名将、民族英雄。陈化成出生金门，自幼熟习水性，精武艺，尚气节，智勇过人。28 岁加入清军水师。嘉庆二年（1797）捕“洋盗”出力，拔补额外委。后来，随同王得禄攻捕“洋盗”孙太，并与李长庚一起镇压东南沿海势力最大的海盗蔡牵。历任把总、千总、参将、副将、总兵等职。鸦片战争爆发时任福建水师提督，后改任江南提督，在鸦片战争时期保卫吴淞（今属上海宝山），与英国侵略军力战，英勇殉国。

爱兵如子，身先士卒。镇守吴淞时，有一天大雪压帐，陈化成整夜未眠，清早即到将士驻地巡视，嘘寒问暖，发棉衣给衣衫单薄破烂的士兵御寒。因此，将士们都很敬重他，称他为“陈佛”。

搜查鸦片，捍卫领土。道光十二年（1832），英国东印度公司派遣“阿美士德”号到厦门进行间谍活动，陈化成召见该舰胡夏米等人，并命令水师严加监视，驱逐出港。后来，英舰闯入闽、浙各洋，侵扰我国东南沿海。道光十三年（1833），陈化成率领水师搜查金门、厦门一带的鸦片走私巢穴，四面兜擒，人船俱获，并对附近陈头等八乡，按户清查，窝巢尽毁。道光十五年（1835）英舰到闽挑衅，被陈化成驱逐。道光十七年（1837），英舰进窥闽安五虎洋面，闽安副将周廷祥出面制止，英领事借口接回居漳浦的英国“难民”，换坐小船，入口投书，陈化成不予接见，并派人传谕：海面“难民”，应照例翻译说明情况，由我国护送到广州回国，现“难民”未供系英国人，而且，英领事禀文亦未将“难民”姓名指出，难于凭信。即令水师将小船押至大船，驱出领海，维护了我国外交尊严。

完善防务，治军严明。道光二十年（1840），英国侵略者发动鸦片战争。这一年，陈化成调任江南水师提督。陈化成在两江总督裕谦的支持下，完善了位于长江和黄浦江江口吴淞炮台的防御措施，誓死保卫长江水道。陈化成到任后五天，即亲率兵士赶赴吴淞口视察，加紧部署吴淞防务。英国侵略者攻陷定海，窜到长江口，见吴淞戒备森严，不敢贸然进攻。当时陈化成已六十多岁，可他“益感奋激昂，誓以死报国”。在钦差大臣、两江总督裕谦等抗英派的支持下，他积极备战，亲自察看吴淞一带的江防地形，筑起了二十六座坚固的土堡炮台，督造精良的铁炮、火药。江南水师由于平时缺乏训练，畏敌如虎，陈化成便以勇敢善战的福建亲兵为教练，并亲临校场，督促激励，即使是“风雪方盛，平地积数尺”的寒冬腊月，陈化成也驾若小舟疾驰于风浪之中。

扼守吴淞，为国捐躯。道光二十二年（1842）四月初六日，英国侵略者以大小船只百余艘，陆军万余人，全力进攻吴淞要塞。六十七岁的老将陈化成一直出帐挥旗发炮，与侵略军对击。在两江总督牛鉴等人仓皇逃窜之际，陈化成仍坚定守卫在孤立无援的西炮台阵地。他驰塘督战，炮兵缺处，则亲点火药，连开数十门。他还坚持指挥抬枪队、鸟枪队，向登岸侵略军射击。登陆英军大队拥至，陈化成身上七处受伤，最终英勇牺牲在自己的岗位上，与阵地共存亡。同时牺牲的，还有提标中营守备韦印福等官兵八十余人。

“人莫不有一死，为国而死，死亦何妨？我无畏死之心，则贼无不灭矣！”这是民族英雄陈化成在吴淞口布防时激励将士们的壮语。

秉承爱国主义，坚守民族气节。何为爱国？爱国就是对祖国的忠诚和热爱。历朝历代，许多仁人志士都具有强烈的忧国忧民思想，以国事为己任，前仆后继，临难不屈，保卫祖国，关怀民生，这种可贵的精神，使中华民族历经劫难而不衰。爱国的内容十分广泛，热爱祖国的山河，热爱民族的历史，关心祖国的命运，在危难之时英勇战斗，为祖国捐躯，都是爱国主义的表现。在中华民族五千年的发展历程中，中华民族形成了以爱国主义为核心的伟大的民族精神。

捐躯赴国难，视死忽如归，陈化成就是这样一种人——受任于败军之际，奉命于危难之间，在总督牛鉴混在士兵中慌忙逃命之际，在东炮台的守军将领崔吉瑞和小沙背的守将王志元一直按兵不动，作壁上观之时，陈化成带领亲兵数十人，在孤立无援的西炮台阵地坚守。他来回指挥督战，危急时刻，陈化成亲自动手点火，连发数十炮。不幸炮身自裂，手足都受了伤，鲜血淋漓。他仍手执红旗，指挥抬枪队、鸟枪队，向登岸的英军射击。登陆英军大队拥来，越逼越近，年近七旬的老将陈化成拔出佩刀，率领卫队与英军展开肉搏。他身中数弹，血如泉涌，牺牲前仍在呼喊杀敌。民族英雄陈化成实现了自己以死报国的誓言。

这就是爱国主义精神，这就是民族气节。列宁说："爱国主义就是千百年来巩固起来的对自己祖国的一种最深厚的感情。"只有知之深才能爱之切。孟子提出的"富贵不能淫，贫贱不能移，威武不能屈"，可以说是集中地体现了中华民族气节。古往今来 ，多少仁人志士为维护祖国的荣誉和民族的尊严，在爱国方面为后人做出了榜样。诸如卓有见识的林则徐、血染吴淞口的陈化成、维新被杀的谭嗣同、推翻帝制的孙中山、横眉冷对的鲁迅、抗日献身的张自忠，以及无数为国捐躯的共产党人，都体现了这一伟大的爱国主义精神，他们是中华民族之魂。

以史为鉴，勇于创新。忘记历史就等于背叛，历史的悲剧不能重演，陈化成将军的事迹也将激励我们不断前行。中华民族虽遭受过外族的入侵和列强的蹂躏，但她却是四大文明古国中唯一能保持自己民族立于不败之地的伟大民族。原因很多，其中与中华民族跟随时代潮流、勇于改革创新的传统美德是分不开的。

中华民族同时又是一个善于不断吸取其他民族、国家先进文化，勇于创新的一个民族。与陈化成将军同时期的林则徐从中国反侵略战争和国际交往的需要出发，组织翻译整理成《四洲志》，成为我国近代第一部比较系统的世界地理书籍。策划海防时也先着手调查西方情况，这对打破长期以来中国人对外部世界的封闭愚昧状态，为中国人认识世界和学习西方长技，迈出了坚实一步。直至陈独秀等人发起新文化运动，学习西方“民主”和“科学”；毛泽东把马列主义原理同中国革命实践相结合，开创了农村包围城市，最后夺取全国胜利之路，都体现了中华民族改革、创新的优良传统。

历史告诉我们，要提高中华民族的素质，既离不开生养、哺育我们的这块黄土地，也离不开及时吸取世界其他民族的先进文化。这就要求我们锐意进取，敢于和善于改革创新。

放眼当下，中国已经步入了崭新的时代，我们也将面临越来越多的新情况、新问题。推进我国改革开放的伟大事业，加快社会主义现代化建设的进程，更需要我们不断弘扬爱国主义的优良传统。只有这样，中华民族才能重振雄风，为人类文明与进步做出更大的贡献。

我们要缅怀先烈，传承中华之魂，永远记住他们的一身傲骨。梁启超先生说：“少年强则国强，少年富则国富。”我们要适应时代发展的要求，正确认识祖国的历史和现实，增强爱国的情感和振兴祖国的责任感，树立民族自尊心与自信心；弘扬伟大的中华民族精神，高举爱国主义旗帜，锐意进取，自强不息，艰苦奋斗，顽强拼搏，真正把爱国之志变成报国之行。今天为振兴中华而勤奋学习，明天为创造祖国辉煌未来贡献自己的力量！

36 英勇壮烈邓世昌

邓世昌（1849—1894），原名永昌，字正卿，广东番禺县龙导尾乡（今广东广州）人，清末北洋水师名将，伟大的民族英雄。

接受西学，备受器重。邓世昌从小资质聪颖，勤奋好学。其父邓焕庄观念先进，携其到上海进入教会学校，支持他学习洋文，学习外国先进科学知识。邓世昌接受新知识的能力很强，在很短的时间内就能熟练掌握洋文，并能阅读外文书籍，这为他今后学习欧洲先进的技术并学以致用打下了坚实的基础。1867 年，沈葆桢出任福州马尾船政大臣，同时开办前学堂制造班和后学堂驾驶管轮班。邓世昌得知此消息后回到广州，参加考试并顺利考取驾驶专业，自此开始接触船舰方面的知识。在学堂学习的五年，邓世昌奋发学习，自强不息，各门功课都很优秀，尤其是在随"建威"练船到南洋的实习中，无论是实际驾驶还是管理舰船都表现出极高的水准。沈葆桢很看重他，称赞他是船政学堂中“最伶俐的青年”之一。

奉命巡守，学以致用。从学堂毕业后，他凭借过人的驾驶技术和管理能力，先是被船政大臣沈葆桢奖以五品军功任命为“琛航”运输船大副。当日本侵略军窥台湾、澎湖、基隆诸地时，任“海东云”炮舰管带，巡守海口，获升千总。后又代理“扬武”巡洋舰大副。特别是在他任装备五尊前后膛炮的“振威”炮舰管带，并代理“扬武”快船管驾，奉命扼守澎湖、基隆等要塞的期间，他坚决果断，用兵有方，压制了日本侵略军的嚣张气焰。

游历英国，思想转变。由于信任他的能力，李鸿章等人几次派他出国去接收新舰。在赴英国接舰期间，他游历英国的著名工业城市，被机器大生产下的英国社会所震撼；他游历了英国海军的主要基地、港口，领略了英国海军的强大；他学习研究了英国皇家海军的规章制度和练兵之法、英国海军的发展历史，参观了英国皇家海军学院，去过伦敦的特拉法尔加广场。他尽其所能地学习着西方一切先进的海军知识，将这些军事装备和训练方法细心地加以研究，取其所长，为己所用。1881 年 8 月 17 日，“超勇”“扬威”从英国纽卡斯尔港起航，开始了由英国到中国的漫长航行。这是中国海军首次驾驶军舰航行北大西洋——地中海——苏伊士运河——印度洋——西太平洋，经过的沿途各国，始知中国也有海军，均鸣礼炮致敬，大大扩大了中国的国际影响。此次清国水师首次到国外接舰，派出的操舰管带无疑是整个水师中最出类拔萃的。林泰曾操纵“超勇”舰，而邓世昌便操纵“扬威”舰。“超勇”“扬威”两舰回国途中经历了惊险曲折。10 月 15 日，两舰终于到达香港，历时 61 天。邓世昌因驾舰有功被清廷授予“勃勇巴图鲁”勇名，赏戴花翎，以都司补用，并被任命为“扬威”舰管带。此次出洋，他扩大了眼界，加强了对欧洲国家的了解，思想上发生了重大的改变。

黄海海战，以身殉国。然而，1898 年，丁汝昌命令将舰队由双纵阵改为横阵，由于向两翼展开需要时间，然而不待队形完备，旗舰“定远”的管带刘步蟾便擅自下令发动攻击，此时距离敌阵还有较远的距离，北洋舰队仅形成了较为散乱的人字形阵型。而敌军在继续挺进达三分钟之久，才在有利阵型上开炮还击。日军一开炮，便将定远望台打坏，在望台上督战的丁汝昌受到重伤以致坠舰，士气受损严重，进一步加剧了北洋水师的混乱状态。由于日方舰艇具有快速的优势，很快形成太极阵，裹住北洋水师的“人”字阵，并渐渐攻入“人”字阵脚，将“致远”“经远”“济远”三舰隔绝于阵外。邓世昌抱着必死的决心，驾驶“致远”独自向前猛驶冲锋直进，开放船首船尾英国制造的十二吨大炮，并施放机器格林炮，先后共百余出击。此时其他舰艇已在一片混乱之中，无一舰能勇往协助“致远”，“致远”显示出孤军深入、无复后继的态势。日舰见有机可乘，便以四舰环攻“致远”舰，“致远”多处中弹，船身倾斜，情况十分危急。在此危急时刻，他激励将士说：“吾辈从军卫国，早置生死于度外，今日之事，有死而已！”这时“吉野”舰迎面驶来，邓世昌于是下令以最快的速度向“吉野”舰冲去，英勇无畏。日军集中火力，轰击“致远”舰，最终“致远”舰在炮火下沉没。邓世昌坠入海中，最终殉国，年仅45岁。英法各国水师观战者皆感叹其英勇忠烈。

“吾辈从军卫国，早置生死于度外，今日之事，有死而已！”面对敌人密集的炮火，他慷慨赴死，指挥着“致远”舰向敌舰撞击，誓与敌人同归于尽。遗憾的是，他想与敌舰同归于尽的愿望未能实现。当“致远”舰被鱼雷击沉，随从刘忠递来一根浮棍，他坚决不接，愤然道：“事已如此，誓不独生。”最终与“致远”舰一同永远融入黄海之中，英勇壮烈。光绪帝亲书挽联：“此日漫挥天下泪；有公足壮海军威。”

纵览邓世昌的一生，他从小聪慧过人，成绩优异，考入沈葆桢创办的学堂，至此踏上水师之路，义勇从军。从军二十余载，他才华过人、一路升迁，恪守军律、治军有方，屡建功业。最后在黄海海战中驾驶“致远”舰英勇作战，壮烈牺牲！他用他的一生向我们诠释了何为忠勇，何为爱国！

心系国家，为国献身。爱国主义是中华民族千百年巩固起来的对祖国的一种最深厚的情感，在每个历史阶段，总有仁人志士用自己的一生诠释着爱国主义的内涵。屈原的“长太息以掩涕，哀民生之多艰”，范仲淹的“先天下之忧而忧、后天下之乐而乐”，邓世昌更是以慷慨赴死，来表明忠心。

在邓世昌出生的时代，列强用舰炮敲开了中国闭关锁国的大门，中国逐渐沦为半殖民地半封建国家。清政府腐败无能，任人宰割。在这样社会动荡黑暗的年代，邓世昌挺身而出，不畏朝廷昏暗，不畏社会混乱，不畏列强炮弹，英勇从军。在为官生涯中，他管理的兵船井然有序，他的士卒训练有素，纪律严明。因为忙于治军，邓世昌竟是在父亲去世后好几年才赶回家吊丧。邓世昌与他的父亲关系极好，他也想见父亲最后一面，送父亲最后一程，但是国家孱弱，大敌当前，他无能为力。他知道，如果每个人都顾及自己的小家，那么国将不国。只有心系国家，才能守护他身后的每一个小家。在黄海海战中，他指挥“致远”舰奋勇作战，在日军的围攻下，“致远”舰多处受伤，他仍然鼓励官员悍不畏死，英勇拒敌，最后时刻毅然驾舰全速撞向敌舰。即便寡不敌众，最后壮烈牺牲，也决不后退一步，因为身后是祖国，是四万万同胞。在那个时代，正是有了一个又一个像邓世昌一样的仁人志士，我们的国家才有了希望，我们的民族才有了力量。“苟利国家生死以，岂因祸福避趋之”，只要能使国家富强，即便牺牲自己生命也在所不惜。心系国家，为国献身，不仅是那个时代志士仁人的真实写照，也是今天值得我们所有人学习的榜样精神。

不畏强敌，敢于迎战。黄海海战，无论是从舰艇吨位还是从炮火配置，清军水师远远逊色于日本海军。即便是在这样的情况下，邓世昌仍然毫不畏惧，英勇作战，充分展现了中国军队的骁勇，赢得了英法等国观战员的尊敬。

古往今来，中华民族经历了无数的磨砺，这种不畏强敌、敢于迎战的精神，一直是帮助中华民族渡过难关的强大精神武器。中国人民历来就有敢与强敌较量的斗争精神，正是靠着这种精神，中华民族才能历经艰难险阻始终屹立于世界民族之林。

七十多年前的抗美援朝战争，无疑是这种精神的又一次集中体现，中国人民一战立威、一战扬名。在那场战争中，双方的装备水平差了不止一代，敌人是飞机、坦克、军舰，我们是机枪、步枪、手榴弹。面对强敌，志愿军将士以烈士装备与敌人进行殊死搏斗，展现出向死而生的英勇决绝。他们以压倒一切敌人的革命英雄主义气概，创造了以弱胜强的辉煌战绩，创造了战争史上的奇迹。

习近平总书记在中央和国家机关党的建设工作会议上说过，“要战胜前进道路上的各种风险，没有斗争精神是不行的”。在国富民强的新时代，我们仍然要具备不畏强敌，敢于迎战的斗争精神，为新中国的发展不断奋斗！

第四篇章

勤政爱民篇

37 “投巫治邺”西门豹

西门豹，战国初期魏国人，魏文侯三十一年（前 415），经相国翟璜推荐，任邺县（今河北省临漳县）县令，因政绩卓著而又擅长水利事业，成为当时全国有名的政治家、水利家。他在邺地，治理水患、造福一方，为历代百姓称颂。

彻查“河伯娶妇”闹剧。西门豹任邺县县令的时候，因为当时流经邺县的漳河经常泛滥成灾，所以他一上任就召集地方德高望重之人询问详情、了解民生。西门豹得知本地有“河伯娶妇”的习俗，心中震怒。原来邺县几乎年年发水灾，每年都要举行祭奠河神“河伯”的习俗。祭祀程序相当烦琐，不仅要事先征收老百姓的钱财购买祭祀用品，还要由本地一位著名的祝巫挑选民女，投入河中嫁与河伯，以此来博得河神欢心，保佑一年风调雨顺。作为“祭礼”的女孩由祝巫挨家挨户挑选，被选中的女孩需要独自居住在河边一处房子里，沐浴斋戒，也就是相当于被判了“死刑”。到了祭神的日子，梳洗打扮好的女孩坐在席子上，被放入河中，在水面上漂流一阵后就会沉入水中，十分悲惨。当地有女孩的人家非常担心自家女儿被大祝巫选中，纷纷带着女儿逃往外地，导致邺县的人口越来越少。西门豹经过细心访查，发现每年官府向老百姓征收的钱财多达数百万，而用于“河伯娶妇”的钱只是其中很少一部分，大部分被地方上的三老、廷掾和祝巫串通后分掉了。被当作祭祀的女孩都是普通人家的孩子，“当其时，巫行视小家女好者，云是当为河伯妇，即娉取”。而大户人家利用金钱和人脉，暗中勾结、买通官府，就可以逃脱被挑选的命运，“河伯娶妇”事实上已经变成部分人杀人、敛财的工具。查清真相后，西门豹并未轻举妄动，因为他知道“河伯娶妇”的习俗在邺地一直延续至今，老百姓虽然痛苦不堪，但是他们也深信河神具有非凡的法力，如果忤逆河伯，一定会受到严厉的惩罚。需要时机成熟，才能揭穿这个把戏，还要让老百姓心服口服。

这一年到了祭祀河神的日子，西门豹与地方官员、三老等一起来到河边，祝巫早已到来，还带了十来个女弟子，河边聚集了两三千名围观的百姓。西门豹这时候说：“呼河伯妇来，视其好丑。”当女孩子被拥出帷帐，西门豹看了看这个女子，环顾四周后对三老、巫祝和围观的老百姓说：“是女子不好，烦大巫妪为入报河伯，得更求好女，后日送之。”在众人的错愕中，西门豹立刻叫身后的差役一齐把女巫抛到河中。过了一会儿，西门豹又说：“巫妪何久也？弟子趣之！”说完立即命人把女巫的一个弟子抛到河中，去催一催大巫。又过了一会儿，西门豹说：“弟子何久也？复使一人趣之！”又抛了一个弟子到河中。总共抛了三个弟子，见依然没人回来，西门豹说：“巫妪弟子是女子也，不能白事，烦三老为入白之。”意思是女人说不清楚，需要三老亲自找河伯交流。还未等众人反应过来，西门豹又命人把三老抛到河中。等了很久，此时跟在西门豹身后的官吏们都瑟瑟发抖。西门豹又说：“巫婆、三老都不回来，大家看怎么办？”这些人都被吓得面如死灰，在地上叩头不起，额头血流不止，纷纷检讨罪行，祈求县令大人饶过自己。老百姓也因此知道了事情的来龙去脉，至此，邺县的官吏和老百姓不敢再提为河伯娶媳妇的事了。

整治漳河水患。处理了“河伯娶妇”的地方陋习之后，西门豹开始彻底整治漳河水患。漳河横贯邺县全境，年年洪水泛滥，西门豹制订了一整套根治水患的“治漳”计划。他派人疏浚河道、加固堤防，在漳河上建了 12 道溢流石堰，堰上方均留水口并设闸门，并开凿 12 条水渠，旱可灌溉，涝可排水，变水害为水利，由此，10 万亩农田由原来的盐碱滩变为旱涝保收的肥沃良田，在此后的一千多年里，邺渠长期发挥了水利灌溉的功用。治水成功以后，西门豹又开始推行“寓兵于农、寓财于民”的政策，也就是组织地方农民进行军事训练，取消之前的苛刻重赋。这一政策使得邺城民富兵强，邺城一跃成为战国时期魏国的东北重镇。西门豹“藏粮于民、寓兵于农、重视耕战”的政策，对此后吴起在楚国的改革、商鞅在秦国的变法都产生了一定的影响，对后世乃至今天仍然有着深刻的启迪意义。

西门豹在邺地的一系列成功举措，不止是为个人仕宦生涯博得好名声，更为重要的是在当地形成了一股反腐浪潮，从根本上打击了地方不法势力，老百姓得到了实实在在的好处。

依靠群众力量，重拳打击腐败。人民群众生活在社会的方方面面，他们对领导干部的功过是非、廉洁腐败，乃至一言一行最是清楚，也最有发言权。西门豹成功摧毁邺县以“河伯娶妇”为名杀人、敛财的腐败体系，充分反映了他依靠地方群众、尊重地方习俗，用谋略和智慧战胜了贪腐集团。西门豹到邺县上任后，没有召见地方官吏和世家大族，而是找到当地的长老询问民生疾苦，从而获得了地方官吏以“河伯娶妇”为名大肆敛财的情报。西门豹虽然调查到真相，但是揭穿需要证据，最后他将计就计一举摧毁骗术，也让老百姓看清了事实真相。在古老的中国各地有很多习俗，有些带有远古神秘的巫术性质，对普通老百姓来说具有一定的约束性、神圣性和迷惑性，有些习俗也具有协助地方治理的民间习惯法性质。邺县的“河伯娶妇”是地方民众认可的民间习俗，要改变他们的思想认识绝不是一朝一夕能够完成的，所以西门豹在处理事情的过程中，始终表现得很虔诚、镇定、煞有介事，当巫师、三老被次第投入河中，引起惊恐的不仅是参与作恶者，连“邺吏民大惊恐”。可见，民间习俗对于当地人民的影响之深，如果处理不当，轻则引起百姓不满，官位不保，重则会引起严重的官民矛盾，造成国家威权在地方的严重削弱。所以，当下特别是基层党员领导干部，一方面要相信和依靠人民群众的力量，明确人民群众在反腐倡廉建设中的作用和地位，坚持人民群众路线，发挥人民作用，形成人民战争的汪洋大海，一切腐败现象将会被淹没，一切污泥浊水将会被荡涤；另一方面，也要讲究方式方法，跟腐败分子做斗争要有胆识有谋略。

时刻正己修身，为人民谋福利。“投巫治邺”只是西门豹任职邺地的功绩之一，他的事迹之所以千古流芳，只因为其清正廉洁的品质和为老百姓办实事、谋实利，如彻底整治了漳河水患。他率领邺县人民治理漳河，从根源上破除祭祀河神的陋习，让老百姓安居乐业。西门豹很好地践行了古人所谓的为官之道在于“清、慎、勤”。早在春秋战国时期，许多政治家、思想家就把“清”“慎”“勤”作为为官从政的箴言，如《晏子春秋·内篇杂下》云：“廉者，政之本也”，认为清廉是从政的根本。宋人真德秀在《西山政训》中说：“凡名士大夫者，万分廉洁，止是小善，一点贪污，便为大恶，不廉之吏，如蒙不洁，虽有他美，莫能自赎。”为官清廉，才能治国安民，使天下太平。南宋诗人陆游在《春日杂兴》诗中云：“但得官清吏不横，即是村中歌舞时。”吏治腐败，必然导致天下大乱，政权衰亡。岳飞说：“文臣不爱钱，武臣不惜死，天下太平矣！”为官清廉是基本的道德素养，在具体的实践中还要讲求方式方法，也就是谨言慎行，“行不放逸，语不宣泄，谓之慎”。怎样才能做到谨慎呢？其一，要调查研究，深思熟虑。每遇到一件事情，都要进行详细的调查研究，掌握充分而全面的情况，反复思考，得出解决的办法，没有疑问了，再付诸实施。清人高廷瑶指出：“夫居官之要，莫要于谨言慎行。举止戒浮动，说话戒夸张。上官及朋友有事相商，不可漏泄，所谓几事不密则害成也。”其二，勤奋尽职，始终把广大人民最根本的利益放在第一位，如此才能成为一名清廉爱民的好官。

习近平总书记讲过“打铁必需自身硬”，只有咨诹善道、察纳雅言，体群众之疾苦，谋人民之幸福，恪尽职守，才会“身在官场志守廉，敢为苍生质昊天”，才能“常怀为民之心，常听为民之言，常思为民之策，常兴为民之举，常记为民之托”，不使小节致民怨，不使放纵招民愤。

38 东晋贤令刘超

刘超（？—329），字世瑜，琅琊（今山东临沂）人，是西汉城阳景王刘章的后人。刘章七世孙被封临沂县慈乡侯，遂世居于此，刘超的父亲刘和任琅琊国上军将军。刘超小时候志向远大，最早的仕途从县里的小吏做起，不久就升迁为琅邪国记室掾，成为琅琊王司马睿的幕僚。因为性格忠谨清慎，司马睿很是赏识，遂成为其亲信随侍左右。永嘉元年（307）晋室南渡，刘超随司马睿一起渡江，改任安东府舍人，专掌军府文檄。建兴元年（313）司马睿进拜左丞相，仍以刘超为丞相府舍人。建武元年（317）司马睿称帝，是为晋元帝，刘超升任中书舍人，又拜骑都尉、奉朝请，不久出补句容令。太宁二年（324），刘超因参与平息钱凤事件，晋明帝封其为零陵伯。后来又出任义兴（今江苏宜兴）太守，随即又被征拜为中书侍郎。晋成帝咸和三年（328），大臣苏峻因不满庾亮专权，发动叛乱攻入建康城（今南京），刘超因一心护主，遭苏峻忌惮而被杀，死后谥曰“忠”。

推诚于物，为百姓所怀。郡县制从秦朝开始稳定下来以后，县作为中国地方行政区划中的基层政区，历经千年直到当下也没有发生根本变化，是中央政府进行基层治理的重要行政机构。县级政区作为社会统治的纽带，上连统县政区乃至高层政区，下接基层社会，几千年来朝代更替无常，县以上各级政区或多或少发生过变化，但是县级政权始终保持稳定，在维护社会稳定、保证国家长治久安中发挥着重要作用。从地方行政而言，县令长官是县级行政事务、中央政策在地方的主要执行者，县令长被称为“父母官”“亲民官”“牧民官”，是民与君之间联系的桥梁，县级行政的好坏与百姓的生活息息相关。东晋贤令刘超出身基层，历任地方官长，是一位深受当时人民爱戴的牧民官员。

作为最基层的牧民官长，收取赋税是其重要的职责之一。刘超任句容县令时，了解到以往征收赋税，负责征税的官吏往往入户评估老百姓的财产，根据评估结果制定当年的征收数额。这样看似合理，其实对老百姓来说很是不便，而且随意性也大。刘超到任后很快意识到这种做法涉嫌骚扰百姓，他就出示布告张贴于乡里，让各家按照实际情况主动报告家资，书写清楚后函告官府，大大方便了百姓。因为刘超待人真诚，美名远扬，句容的老百姓就自己如实填写家产数目，结果当年的课税收入不但没有减少，还超过以往年份。刘超担任义兴太守期间，晋明帝病逝，太子司马衍继位，是为晋成帝。因成帝年幼，由太后庾文君临朝摄政，刘超改任射声校尉，执掌宿卫禁兵。因为在义兴任职期间，他爱护乡民、发展生产，得到老百姓的拥戴。回朝后，他就将愿意追随他的义兴人编入禁军，号称“君子营”。刘超声名远播，咸和初年，刘超的母亲去世，他返乡守孝，衰服不离身，朝夕号泣，朔望日就步行至墓地，让乡人感叹不已，叹服其德行。

忠君爱国，为世人赞叹。东晋政权是在北方南下的世家大族和江东豪族联合拥戴的基础上建立的，时有“王与马共天下”之说，皇权相当脆弱，时常发生大臣发动叛乱的事件。东晋大将王敦在晋明帝时发动叛乱，在太宁二年（324）病逝，他的部将钱凤率军进攻建康，刘超不畏强权，召集义士协助晋明帝讨伐钱凤。不久，钱凤兵败被杀，刘超因战功被封为零陵伯。咸和二年（327）大臣苏峻又谋逆，刘超这时候代替赵胤为左卫将军。当时京城大乱，朝中大臣纷纷将家人送出建康城避难，刘超在义兴时的故吏也打算将刘超一家接到义兴避难，但是刘超不顾劝阻，反而将妻子接入皇宫内。第二年，苏峻的军队攻入建康，控制了朝政，王导任命刘超为右卫将军，让他护卫晋成帝。五月，苏峻强行将晋成帝迁到石头城，当时天降大雨，道路泥泞，刘超与侍中钟雅徒步随行，拒绝骑乘叛军提供的马匹。苏峻闻知，虽然不满，但却不敢加害，只得让亲信许方等人担任宿卫，对刘超严加防备。刘超始终坚守臣节，对苏峻的馈赠一概不受，还亲自教授八岁的晋成帝《孝经》《论语》。建康陷落时，庾亮到寻阳投奔温峤，并推荆州刺史陶侃为盟主，起兵讨伐苏峻，讨伐军屡获胜利，逐渐逼近建康，朝中群臣也蠢蠢欲动。苏峻对朝臣猜忌不已，深受成帝亲信的刘超更是重点猜忌对象。后来王导出奔，超与怀德令匡术、建康令管旆等密谋，打算救出成帝投奔讨伐军。结果事情败露，这时候苏峻已经去世，他的弟弟苏逸派遣任让去逮捕收刘超和钟雅。晋成帝哭着抱住二人说："还我侍中、右卫!"任让不奉诏，依然将二人带走杀害。苏峻之乱平定后，任让与陶侃有交情，陶侃想保护任让，成帝说："让是杀我侍中、右卫者，不可宥。"将任让诛杀，并追赠刘超为卫尉。刘超历仕三帝，深受亲待，在王敦之乱与苏峻之乱中始终支持皇室，士人都十分敬佩他的品行。

孟子曾经说过："得天下有道，得其民，斯得天下矣。得其民有道，得其心，斯得民矣。得其心有道，所欲与之聚之，所恶勿施尔也。"意思是要想取得最高统治权、获得整个天下，就要获得民众支持；要想获得民众支持，就要获得民心；要想获得民心，就给予民众所需要的，反对的则不要给予。百姓心中有杆秤，谁为民着想、为民办事，谁就能得到百姓的拥护和爱戴。奔流不息的时间长河，终将刘超忠君爱国、爱民清廉的每一刹那冲刷成永恒，铭刻在大地上。

正己修身，不忘初心。刘超从基层小吏开始做官，直到进入中央政府核心集团，由于为人"忠谨清慎"，被琅琊王司马睿提拔任用。然后来身居高位，但是他"衣不重帛"，家中无储蓄，生活还像以前一样清苦。晋元帝每次给他赏赐，都坚决拒绝，曰："凡陋小臣，横窃赏赐，无德而禄，殃咎足惧。"元帝非常钦佩他的德行，并不勉强。刘超家里十分清寒，妻子和孩子们有时候都没有足够的食物，皇帝赏赐刘家以鱼米，也被其拒绝。我们说为政之道，修身为本，习近平总书记强调："全党同志都要明大德、守公德、严私德，清清白白做人、干干净净做事，做到克己奉公、以俭修身，永葆清正廉洁的政治本色。"党员干部的党性修养、道德水平，不会随着党龄工龄的增长而自然提高，也不会随着职务的升迁而自然提高，必须强化自我约束、自我修炼、自我改造。要崇尚造福人民的公德，广大党员、干部要站稳人民立场，始终同人民风雨同舟、生死与共，勇于担当、积极作为，切实把造福人民作为最根本的职责。要崇尚严于律己的品德，要慎微慎独，清清白白做人、干干净净做事。

我们是中华儿女，要了解中华民族历史，秉承中华文化基因，有民族自豪感和文化自信心。要时时想到国家，处处想到人民，做到“利于国者爱之，害于国者恶之”。爱国，不能只停留在口号上，而是要把自己的理想同祖国的前途、把自己的人生同民族的命运紧密联系在一起，扎根人民，奉献国家。

廉洁奉公，为民请命。刘超的廉洁与朴实，一心为民着想的品格，不仅是东晋时代的骄傲，也是中华民族的宝贵精神。弘扬爱国主义精神，必须尊重和传承中华民族历史和文化，对祖国悠久历史、深厚文化的理解和接受，是人们爱国主义情感培育和发展的重要条件。习近平总书记强调：“廉洁奉公，就是保持共产党人艰苦朴素、公而忘私的光荣传统，从不以功臣自居，不计较个人得失，不贪图享受，守纪律、讲规矩，生动体现了共产党人应有的道德风范。”“廉者，政之本也”，大公无私、先人后己，吃苦在前、享受在后，以身作则、模范带头，在党和人民需要的时候挺身而出、英勇斗争，随时准备为党和人民牺牲一切，这些都是共产党人的党性和精神品格。党在长期奋斗中，始终坚持用这些思想和精神教育自己的党员、训练自己的干部，每一个党员从入党那一天起就在接受着这些思想和精神的灌注、熏陶。

为政清廉才能取信于民，秉公用权才能赢得人心。当今中国正处于实现中华民族伟大复兴关键时期，国家强盛、民族复兴需要物质文明的积累，更需要精神文明的升华。中华民族的伟大精神和光荣传统是我们的宝贵精神财富，是激励我们奋勇前进的强大精神动力。

39 科学巨匠苏颂

苏颂（1020—1101），字子容，原籍福建路泉州同安县（今福建厦门），后徙居润州丹阳（今江苏镇江），是北宋杰出的政治家、天文学家和药物学家。苏颂出身闽南望族，宋仁宗庆历二年（1042）与著名改革家王安石同登进士第，授宿州观察推官。此后长期在馆阁供职，嘉祐六年（1061）后多次出知地方，受到治下百姓赞誉。宋神宗时曾参与元丰改制，哲宗朝历任刑部尚书、吏部尚书等中央官职，元祐七年（1092）拜相。宋徽宗时进拜太子太保，封赵郡公，建中靖国元年（1101）逝世，享年82岁，赠司空，后追封魏国公，故历代史书称之为“苏魏国”，理宗时追谥“正简”。

建功树业名垂青史。苏颂一生在中央和地方一共从政五十余载，历仕北宋仁宗、英宗、神宗、哲宗、徽宗五朝，忠君爱国、为官清正，在北宋党争激烈的局面下，以礼自持，不卷入派系斗争。在中国科学技术史上，苏颂无疑是彪炳史册者之一，他领导制造了世界上最古老的天文钟——“水运仪象台”，在科学技术特别是医药学和天文学方面有着突出贡献。他主持的水运仪象台兼有观测天体运行、演示天象变化的功能，并能准确计时，这是世界上最早出现的综合性授时天文台，比欧洲的罗伯特·胡克早了 600 年。此外，在绍圣年间苏颂还撰写《新仪象法要》，详细介绍了水运仪象台的设计及使用方法，绘制了我国现存最早最完备的机械设计图，共附星图 63 种，记录恒星 1434 颗，比 300 年后西欧星图纪录的星数还多 442 颗。他还有《本草图经》《新仪象法要》《苏魏公文集》等作品传世，明代著名医药大师李时珍对《本草图经》的科学价值也予以了很高的评价，在他的《本草纲目》中评价《本草图经》“考证详明，颇有发挥”。同时，于经史九流、百家之说，以及算法、地志、山经、本草、训诂、律吕等学无所不通，今人辑有《苏颂全集》。

道德精神流芳千古。苏颂的精神与科技贡献享誉国内外。北宋欧阳修称赞苏颂：“才可适时，识能远虑，圭璋粹美，为邦国之珍，文学纯深，当为朝廷之用。”南宋理学家朱熹赞曰：“赵郡苏公，道德博闻，号称贤相，立朝一节，终始不亏。”英国剑桥大学著名科技史专家李约瑟博士赞扬说：“苏颂是中国古代和中世纪最伟大的博物学家和科学家之一，他是一位突出的重视科学规律的学者。”2014 年，中央电视台到同安拍摄纪录片。2015 年 1 月，央视 CCTV-10 套科教频道播出专题片《创造科技的力量之通天神器（上、下）》。2015 年，英国 BBC 电视台也专程到同安拍摄大型纪录片《中华的故事——苏颂篇》，浙江卫视专门到同安芦山堂拍摄《两宋科技史》。2016 年 6 月，由福建省、市、区纪委联合拍摄的《走进福建厦门——苏颂篇》作为全国廉政典范，在中纪委网站公开播放。

苏颂一生不仅致力于科学研究，为官也十分清正廉洁，在中央和地方都享有极高的声誉。全国人大常委会副委员长、中国科学院原院长卢嘉锡赞扬苏颂：“探根源、究终始，治学求实求精，编本草、合象仪，公诚首创；远权宠、荐贤能，从政持平持稳，集人才，讲科技，功颂千秋。”可以说，这是对苏颂一生公允的总结。

为官清廉，爱民如子。苏颂曾经在基层任官多年，知道民间疾苦，在他管理的地区，尽其所能减轻百姓负担。在任江宁知县时，苏颂派人清查富户漏税情况，核实丁产、编订户籍、按册课税，这样既增加了国库收入，又减轻了老百姓负担。他担任南京留守时，深得长官欧阳修的器重，赞许他“处事精密”。任颍州知州时，适逢朝廷为宋仁宗修筑皇陵，许多州县官趁机加捐派款、中饱私囊，苏颂却从州库拨款置办朝廷摊派物资，不愿侵扰当地百姓，深受称赞。苏颂在国史馆工作九年，薪俸并不充裕，他需要侍奉祖母、母亲、姑姊妹与外族几十口人，妻儿的衣食常常不能供给，他却安然处之。

反腐倡廉是党中央当前和今后一段时期的重点任务。党的十八大以来，以习近平同志为核心的党中央，全面强化从严治党，要求全体党员领导干部廉洁自律，强调立政德就要明大德、守公德、严私德。人无德不立，官无德不为，国无德不兴，新时代只有切实做好党员领导干部政德观培育工作，才能不断提高其从政的道德境界，为推进国家治理体系和治理能力现代化锻造一支德才兼备的高素质队伍。只有树立正确的政德观，官员才能从根本上和心理上自愿无条件去服务于人民、为民办实事，才能时刻把人民的利益放在首位，如苏颂一样廉洁勤勉。中国优秀传统廉政文化是中国古代先贤政治智慧的结晶，在传承中积淀成为党员领导干部从政心理结构的一部分，是新时代政德观培育的思想根基。

倡导法治，严于执法。苏颂曾经担任大理寺丞、刑部尚书并知审刑院，都是专门管刑狱和司法职位，在任江宁知县、颍州知州、开封府尹等地方长官时，审案理狱也是他的重要职责。苏颂流传至今的奏议，以法律为中心议题的有十一篇，他强调：法律要简化条文，使民易知；省刑减杀，劝教为先；因时施宜，视俗兴化；苏颂一生光明磊落，公道正派；为民请命，安定民心；坚持原则，任人唯贤；严于执法，不树党援。宋神宗熙宁三年（1070），苏颂任知制诰时，反对不按程序任命品德有问题的李定，为坚持法治毫不畏惧权势，最后皇帝宋神宗出面，他也毫不动摇，为坚持法治而奋力抗争。法规制度是社会治理的规则，如果执行得好，就是促进社会进步的抓手；如果有法不依、执法不严，必然催生社会不公，导致腐败丛生，社会环境也会越来越恶化。

虽然苏颂在维护法律权威上毫不徇私，但是在遇到具体问题时，尤其是乡民之间的纠纷时，总是从仁义礼仪的角度，从社会和谐、国家安定的大局出发，教导当地人民敦亲和睦。凡是百姓有纠纷，苏颂总是声明大义，劝说乡党之间应该亲近友善，如果因为小小的误会失了和气，一旦有了紧急情况，必将无法团结。苏颂还根据一生为官的经历和感悟，从五个方面教育子孙后代：一是学识渊博，学贵于勤；二是行完学富，道德先于文华；三是身教重于言教；四是廉洁自律，重视勤俭持家；五是重视科学教育，培育科学素养。可以看出，苏颂的为官实践，教育老百姓和家族祖孙的思想，体现了我国古代士大夫们“修身、齐家、治国、平天下”的胸怀，展现了“先天下之忧而忧、后天下之乐而乐”的情怀，是中华民族宝贵的思想文化遗产。

毛泽东主席曾说：“政治路线确定之后，干部就是决定的因素。”领导干部是党的骨干力量，是新时代伟大事业的组织领导者、重要推动者和直接参与者，是党的路线方针政策的制定者和执行者，他们的政德观状况如何，关系到党能否建设一支高素质党员领导干部队伍，关系到政治生态环境的优劣，关系到党的路线方针政策能否顺利贯彻执行。当前，我国改革发展进入攻坚期，全面建成小康社会，实现国家治理现代化，全面建成现代化国家的任务十分艰巨，这就更要求我们加大治党管党力度，为推进伟大事业锻造一支高素质党员领导干部。因此，党员领导干部政德观培育是新时代党的建设和党的事业发展伟大实践中的一个亟待解决的重大现实问题，也是党的思想政治教育工作亟待研究的重要理论问题。我国古代有“清、慎、勤”的官德三字说，像苏颂这样的官员完美诠释了这种说法，他的为官品德和为民请命的思想，对新时代领导干部的政德观培育仍有启示意义，我们要用新的时代要求转化之、创新之，赋予其新的内涵和价值。

习近平总书记高度重视领导干部政德问题，多次强调领导干部要修政德、立政德。“为政以德”也是以儒家政治思想为主体的中国传统政治思想的核心观念，时至今日，中华民族依然沿袭着崇德、尚德的政治文化传统，将“德才兼备、以德为先”和“五湖四海，任人唯贤”作为干部选拔任用、评价考核的基石性原则。

40 治水专家张纶

张纶（962—1036），字公信，颍州汝阴（今安徽阜阳）人。北宋真宗、仁宗朝时人，历任秦州、颍州等知州，江淮制置发运副使，益州、彭州、简州等巡检使。张纶长期在基层工作，打击盗匪、劝课农桑、兴修水利，深受治下民众爱戴，死后为其立“生祠”，入《宋史·循吏传》。

兴修水利，英名流芳百世。在2020年热播剧《清平乐》开篇中，兴化县令范仲淹的母亲去世，按照宋朝规定须辞官归乡丁忧。范仲淹走之前上奏推荐了善于治水的张纶接替自己继续重修捍海堰，此后，张纶数次出现在剧中对白，均未出镜亮相。事实上，据《宋史·张纶传》和《范文正公年谱》记载，宋真宗年间，因为泰州捍海堰久废不治，导致周边农田经常被淹，范仲淹上书当时的江淮制置发运副使张纶陈述利害，请求修复捍海堰。随即张纶就举荐范仲淹任兴化县令，全面负责修复事宜。泰州濒临大海，原有的捍海堤堰曾经辉煌一时，“东南堤防，莫盛于淮东捍海之堰”，随着时间推移逐渐废弛，涨潮时海水经常漫淹至城下，导致“土田斥卤，不可稼穑”，严重影响当地百姓的生产、生活，也使得朝廷的赋税征收下降。范仲淹的提议在当时惹起很大争议，反对者认为即便费时费钱修筑好海堤，内涝必定严重，收到的效果也十分有限。张纶则力排众议，认为“涛之患十九，而潦之患十一，获多而亡少，岂不可邪”，全力支持范仲淹。

“筑堰之役”开始后，发生了一次较大的事故。由于大雨加上降雪，突然潮水汹涌涨起，致使筑堤的役夫们走散，泥泞中有百十人死亡，由此激发了更大的反对意见。面对如此激烈的反对，朝廷派专使实地调查，又下诏淮南转运使胡令仪全面论证工程的可行性。好在胡令仪也十分支持张纶和范仲淹的计划，使得工程又按期进行，不久范仲淹丁母忧离职，张纶上表亲自兼任泰州知州督办修筑海堰。经过张、范的苦心经营，结果“筑堰自小海寨东南至耿庄，凡一百八十里，而于运河置闸，纳潮水以通漕。逾年堰成，流逋归者二千六百余户，民为纶立生祠”，表达当地百姓的感恩和感念。泰州捍海堰的修复，防止海潮倒灌促进了当地农业生产，造福地方民众，范仲淹作《张侯祠堂颂》进行大力颂扬，北宋著名政治家范镇亦称张纶是“国朝言水利者，有绩效之最”。

张纶任江淮发运副使期间，还大胆改革盐税旧制，因地制宜增设“杭、秀、海三州”盐场，使食盐税扭亏为盈，当年食盐税就增收一百五十万两。因江东大水，太湖地区积潦严重，他派人在常熟、昆山疏通沟渠将太湖水疏导入海，不仅免民田淹没之忧，更是复租米六十万。又开真州长芦河道，避覆舟之患，加固高邮河堤泄横流，防护了河道。种种功绩，载入史册，为历代所传颂。

打击流寇，维护社会稳定。张纶少年时洒脱随性，由于没有考中进士，只“补三班奉职”，后迁右班殿直。宋真宗咸平三年（1000），益州、汉州戍卒赵延顺等发动起义，推都虞侯王均为领袖。宋真宗派益州知州雷有终率军入川镇压，张纶随雷军入蜀。张纶在平叛过程中，胆识过人，他认为这些流寇已经穷途末路，如果强攻可能会引起更大的反抗，因此建议采取招降政策，使得宋军以极小代价取得了平叛胜利。张纶因平叛有功，先后升任益、彭、简等州都巡检使，他治军有方、赏罚分明，因军中有士兵酗酒闹事还劫掠当地民家，张纶便杀掉带头作恶的几个人，平息了众怒。张纶“以文武事朝廷，为勋臣于四方”，除了兴修水利、平息王均叛乱外，还平定了辰、澧、鼎州等叛寇，“招降属寇，全活甚众”。

兴利除害，造福一方百姓。张纶极富才能谋略，且一贯“为人恕，喜施予”，慈悲仁爱。在泰州任职期间，见漕卒（押运漕粮的士兵）因寒冷饥饿常被冻死饿死，他泪流满面感叹地方官不作为，老百姓感受不到朝廷的仁政。他便拿出自己的俸禄，购买了上千件棉袄，送给缺衣少食的漕卒。张纶还两次代表朝廷出使契丹，他严守外交礼仪，不卑不亢，成为宋廷外交官的楷模。地方亲民之官，是连接君民的重要媒介，张纶在地方兴修水利、发展农业生产、缉捕盗贼、平息叛乱，承担了生财养民、保境安民的责任。“穷则独善其身，达则兼济天下”，以张纶为代表的北宋优秀地方官员，践行了儒家的政治理想，足以垂范后世。

司马迁作《史记·循吏列传》，对奉公守法、清正廉洁、为民谋利的地方官进行表扬，历代官方正史因循其例。只有行得正、坐得端，真正将个人享乐置之度外，一心扑在人民事业上的人，才是百姓爱戴的“循吏”。张纶位列《宋史》北宋朝十二循吏之一，他恪尽职守、勤勉尽责、忠君爱民、革除时弊。与一般官吏相比，作为“循吏”的张纶，在地方抚民以仁，维护了百姓的生命财产安全。

为民做事，为民请命。中国自古以来就是一个农业国家，中国古代水利的兴修不仅关乎漕粮运输，对于农业生产也有极大影响。有宋一代，统治者除了积极劝课农桑外，对关乎农业命脉的水利兴修事业十分重视，“修利堤防，国家之岁事”，有相关法令进行奖惩，“州县长吏令佐，能劝民修起陂池沟洫之久废者，及垦辟荒田，增税及二十万以上，议赏”。虽然有国家政策支持，但是兴修水利工程浩大、花费甚巨，并不是一个短时间内能出政绩的事业。张纶积极支持范仲淹修复海堰，首先想到的是由于海堰废弛，使得当地老百姓的生命财产安全长期受到威胁，经过权衡利弊，他认为兴修水利获利要远远大于弊端，果断排除异议。也正因为他有做事的魄力，当地老百姓受到恩惠，他的英名也被世代铭记。所以，为官先做事，要想成为一个人民称赞的好官，就必须从人民的利益出发，办对人民群众有实实在在好处的事情。人民群众的眼睛是雪亮的，为官者的一举一动都被人民群众看在眼里、记在心上。以实实在在为群众带来好处和利益为标准，以带动地方经济社会文化发展为衡量，以“政绩”说话，而不是为了政绩而政绩。古人云“水可载舟亦可覆舟”，孔子曰“民为贵，社稷次之，君为轻”，毛主席也说过“一切为了群众，一切依靠群众，从群众中来，到群众中去”。这就要求官员时刻保持与群众的血肉联系，时刻把人民放在心上，要为民做事、为民请命。

体察民生，体恤民情。“仁”是以孔子为代表的儒家的核心思想之一，贯穿教化实践的始终，重在安民养民。张纶在为政实践中“因民之所利而利之”，兴修水利，保证农业生产的正常运作与发展，使人民衣食无忧。古人云“德惟善政，政在养民”，张纶始终践行儒家的民本、仁爱思想，达到了稳定社会秩序和维护国家统治的目的。习近平总书记在全国组织工作会议上就提出了新形势下好干部的标准应为“信念坚定、为民服务、勤政务实、敢于担当、清正廉洁”，总书记在系列重要讲话中更是多次指出，责任担当是领导干部必备的基本素质，并强调干部就要有担当，有多大担当才能干多大事业，尽多大责任才会有多大成就。其中，有担当的前提是必须体察民生民意、体恤民情，这不仅是领导干部的责任，也是践行为人民服务的宗旨。

领导干部在职一方，谋一方发展，富一方群众，保一方平安，就必须在其位谋其政，任其职尽其责。不愿担责就不该当领导，不会担责就不能当领导，不敢担责就不配当领导。作为一名领导干部，要牢固树立以人民为中心的发展思想，坚守民生情怀，坚定人民立场想问题、做决策、干工作，让发展实绩更有“温度”，让老百姓过上更加安宁、和谐、幸福的生活。习近平总书记反复强调，没有理想信念或理想信念不坚定，精神上就会“缺钙”，就会得“软骨病”。理想信念教育是廉政教育的核心、灵魂，方向、动力，广大党员干部应树立正确的权力观、地位观、利益观，牢记全心全意为人民服务的宗旨，始终密切联系群众，代表最广大人民的根本利益，在任何时候、任何情况下，都要与人民群众同呼吸共命运。

41 公正严明刘克庄

刘克庄（1187—1269），初名灼，字潜夫，号后村，福建莆田人，是南宋后期人，尤以诗人身份为后人称道。刘克庄出自官宦世家，父祖两辈都是进士，为国朝尽忠尽责。他自幼聪颖，每日能背诵万余字，小小年纪便写得一手好文章，宁宗开禧元年（1205），因辞赋成绩绝佳补了国子监生。

躬身基层，兢兢业业。宋宁宗嘉定二年（1209），以恩荫补将士郎，次年调靖安主簿。嘉定六年（1213），因父亲去世辞官回乡丁忧，守孝期满后，相继任福州右司理参军、真州录事、江淮制置使李珏的幕僚、广西经略安抚使胡槻的幕僚，都是基层小官。宋理宗宝庆元年（1225），克庄知建阳县，因作《落梅诗》激怒当时的权相史弥远，卷入江湖诗案，后经过郑清之力辩才得以释放。端平初年，真德秀帅闽，征召刘克庄为帅司参议官，次年，迁枢密院编修官兼权侍右郎官。嘉熙间，历知袁州、广东提举，升转运使兼提举市舶使。宋理宗淳祐六年（1246），因首论右相史嵩之的不法行为，赐同进士出身，除秘书少监兼国史院编修官兼实录院检讨官。后迁御史兼崇政殿说书，暂兼中书舍人。后因拒绝为史嵩之以观文殿大学士致仕撰写制书，被劾罢。淳祐十一年（1251）春，入朝为起居舍人兼侍讲，仅半年又被罢。宋理宗景定元年（1260），再入朝，历除秘书监，起居郎兼权中书舍人，权工部尚书兼侍读，出知建宁府。景定五年（1264），以焕章阁直学士致仕。

才华横溢，文章千古。刘克庄是中国文学史上具有重要地位的诗人，属于江湖诗派。早年学晚唐体，晚年诗风趋向江西诗派。他的词深受辛弃疾和陆游的影响，多豪放之作，散文化、议论化倾向也较为突出，时称南宋晚期一代文宗，其作品大多收录在《后村先生大全集》里。刘克庄一生劳苦功高，上无愧于君王，下无愧于百姓，宋理宗称他“风姿沉邃，天韵崇谹”，宋度宗授予龙图阁大学士，无一不是对他一生的肯定。宋度宗咸淳五年（1269），刘克庄以八十三岁高龄离世，死后谥号“文定”。当时的名流林希逸为其撰写行状，洪天锡为其撰写墓志铭。

中国传统政治文化认为：“公”与“忠”是统一的，“忠”以“公”为前提和基础，“公”是“忠”的内在伦理品质，所谓“公忠”即“一心一意地为公”。与只忠于某个人或者某个利益集团的“私忠”不同，“公忠”以利国、利民、利公为本质，倡导“大公无私”“公而忘私”甚至“以公灭私”。虽然在高度集中的封建王权专制制度下，传统忠文化渐渐趋于单一化，“忠”之德不可避免地成为臣子对君王单向度的伦理道德要求，但是“公忠”作为一种重要的为官品德和伦理规范，从没有退出历史文化长河。如唐代忠言劝谏的魏徵，北宋时期忠心为国的寇准，南宋时期“临患不忘国”的陆游，明代忠于职守的海瑞等，都用生命践行了这种忠于国家、忠于社稷、忠于人民的“公忠之德”。刘克庄虽然没有担任过中央显赫官职，但是作为一位躬耕于基层的亲民官，他为官一任，正直无私，面对错综复杂的地方社会，勇于面对，淋漓地诠释了“公忠”思想在基层官吏的践行情况。

为官正直，敢于直谏。刘克庄生于南宋末期，虽是相对安定的岁月，但他的一生并不十分顺畅。在仕途上，四度立朝，五次罢官，为官正直，勇于进谏；在升任枢密院编修官兼权侍右郎官期间，力谏理宗重君子而斥小人，杜绝党人干政，言旁人不敢言，由此深获同朝赵汝谈、游似、吴泳等人赞许，同时，也得罪了当朝丞相史弥远的党羽，因此被罢官。此后几年，朝廷多次召刘克庄回朝，他都没有答应，直到淳祐十一年（1251）年初朝廷急诏，他才不得不还朝任秘书监兼太常少卿等职。他全身心扑在助皇帝肃清朝纲上，大胆直言，劝宋理宗不要被表面恭顺实则阴毒的史嵩之等人欺骗，对朝廷用人任人唯亲的现象大加批判。后来，宋理宗任刘克庄为秘书监、起居郎兼中书舍人。刘克庄多次因直言被罢官，但岁月没有消磨他的胆量和意志，反而送与他一副坚韧不屈的锋利筋骨，他没有变得缄默，而是更为大胆地批判朝堂上的不妥之事。这个须发皆白的老人，把自己不再挺拔的躯体变为南宋朝堂上坚定不移的支柱，让别有用心之人在他的目光下无处遁形。

在社会风气的引领上，党员领导干部的为官思想十分重要。领导干部应端正，忠诚、干净、担当，这样才能在全社会树立高尚的道德形象，带动广大人民群众恪守道德规范要求，引领崇德向善的社会文明风尚，才能为社会思想道德建设营造有利的软环境。相反，如果党员领导干部在政德观上存在偏差，对群众利益漠不关心，徇私舞弊，甚至贪赃枉法，那么将严重污染社风民风，践踏整个社会的道德风尚，污染社会思想道德建设的软环境。总之，党员领导干部政德观的状况会直接影响社会风气，政德兴，则社风清、民风淳；政德败，则社风浑、民风劣。因此，新时代要加强领导干部的政德观培育，将有助于带动形成文明和谐的社风民风，引领崇德向善的社会文明风尚。

公正严明，造福一方。刘克庄在野十一年，积累下丰富的基层生活经验，这使他深知民生疾苦，更好地为百姓谋福祉，成为受爱戴的“父母官”。宋理宗淳祐三年（1243）年，李宗勉为相，刘克庄被提拔为江西、广东提举，升转运使。在任上，他廉洁从政，又买田二百亩，用田租赡养来南方任官而丧归之人。淳祐四年（1244）秋，刘克庄被授予江东提刑，同年冬即除江西提举，短短的几个月时间，他处理了许多民事刑事案件，并将一些具有典型意义的判词收录于个人文集《后村先生大全集》和南宋后期文集《名公书判清明集》中。当时的饶州司理院审理徽州都吏潘宗道违法交易案，潘宗道违法强买田产，还“挟都吏之势，号令歙县官吏，曲断公事”，刘克庄亲自审理，责令其归还田地，肃清了地方恶势力。

公正爱民之德是古代明君贤臣恪守的基本做官规范，是从政者的官德之基。爱民，就要重民，重视民心，顺应民意；就要养民，广施宽政，轻徭薄赋，让百姓过上富足的日子。同时，要安民，也就是整顿治安，公正严厉地惩戒犯罪，让老百姓过上安定的日子。对士大夫而言，爱民还要心系社稷，积极入世，文治武功，经国济世，“为生民立命”。其所蕴含的仁爱待民、厚生利民的思想，无疑深深镌刻在中华文明之中，时至今日仍有重要的思想借鉴价值。

我们要时刻牢记：一切权力属于人民是马克思主义权力观的本质体现。党的领导干部不是骑在人民头上的封建官僚或者特权阶层，而是接受人民委托，代表人民行使权力的人民公仆，应当始终坚持权力行使的人民立场，把人民让渡和授予的权力真正用于满足人民群众的根本利益需要。中国传统民本思想源远流长，其孕育的以民为本、重民爱民的为官之德，是中国传统官德思想的核心。梁启超认为，民本主义精神是“我国有力之政治理想”，“虽累经专制摧残，而精神不能磨灭”。

在社会主义新时代，我们更要加强领导干部的政德培养，引导党员领导干部树立“为公”为价值方向，有助于坚定理想信念、树立正确的权力意识和法治观念，增强其公正无私、廉洁奉公、担当奉献的政德素养，提高防腐拒变能力，有利于带动形成讲政德立政德的党风政风。同时，讲政德、立政德的党风政风，又能够形成一种隐性教育力量，对党员干部的培养与管理产生积极影响。作为使命型政党，中国共产党从诞生之日起就担负着为中国人民谋独立、谋富裕、谋幸福的光荣使命，为全体中国人民谋利益是建党近百年来中国共产党人与生俱来、一以贯之的行动宗旨。人民立场是党的根本政治立场，以人民为中心是党员领导干部为官的核心命题。以人民为中心，诠释了新时代政德观培育的利益导向，公正严明对中国共产党而言，不是以资本逻辑追求经济利益最大化，更不是为了某个利益集团的特殊利益，而是为了全体中国人民的根本利益，遵循人民逻辑追求整体利益最大化。

42 句容廉吏程恭

程益是元代历史上一位较为重要的官员。他在元统元年（1333）进士及第后，先后担任翰林国史院检阅官、翰林国史院编修官、秘书监秘书郎及国子博士，还参与过纂修宋、辽、金史的编纂，后荣升监察御史，迁河西陇右道肃政廉访司事等监察官职。程益的父亲程恭，虽然仕宦生涯没有其子显达，但也是一位彪炳史册的廉吏，至今仍为人称道。

程恭，蒙古名也先不花，元代济南章丘（今山东济南）人，是元朝一名基层官员。程恭最初在元代的地方监察机构——浙西廉访司任职，历任建德路儒学教授、江浙省掾等官职。元仁宗延祐二年（1315）被提拔为溧水州判官，后转吉水州判。泰定三年（1326）授句容县尹，后迁任南陵县尹，弃官归养。程恭长期在地方任职，具有丰富的基层社会治理经验，尤其在句容担任县尹时期，重视教育、关注民生，为老百姓办了很多实事，地方志中记载着他的事迹。

延请名儒讲学，繁盛文风。清代光绪年间纂修的《句容县志》记载了句容“天王寺碑记”的来历。据记载这方碑文是“泰定二年（1325）十月胡炳文撰，程恭书，张季修题额，今存”。这位胡炳文（1250—1333）就是元代著名理学家、文学家和教育家，婺源考川人，出任过江宁教谕和道一书院山长。新安胡氏为理学世家，三代传《易》，胡炳文一生致力于学术追求，弘扬朱子理学，为元代南方的学术传承和繁荣做出了极大的贡献。程恭在句容任职时，就聘请胡炳文来句容讲学。作为当时著名的大儒，胡炳文的到来引来无数仰慕者，各地赶来切磋学问的学者络绎不绝，齐聚句容，乃一时学术之盛事。

胡炳文不仅学术精湛，他还在家乡大力兴办教育，至大三年（1310），他出资在老家考川村建造房屋200间，他的族侄、曾任龙泉县主簿的胡淀捐田300亩，族侄胡澄捐田50亩，一起创建了明经书院。因此，胡炳文的到来，也使得句容地方教育、学术风气大盛，尤其是当地老百姓非常高兴，纷纷献地增广学宫。当时地方还将唐代的忠臣刘业、孝子张常洧二祠，设立于句容儒学讲堂之西，“以励俗”。胡炳文为乡贤祠（泰定三年七月）撰过碑记。

心系地方发展，造福乡里。程恭不仅重视句容的文教事业，还心系老百姓的生活甘苦，一心为民众谋福利。元朝初期，江南的民间手工业并不发达，多数是自给自足的家庭手工业。随着时间的推移，棉纺织业和丝织业开始在当时的松江（上海）、集庆（南京）、平江（苏州）和杭州等地逐渐发达起来。在这样的社会背景下，程恭任职句容后，果断采取措施，在句容鼓励民众种桑养蚕，与已经较为成熟的江南手工业经济接轨。据《（至正）金陵新志》记载，句容县尹程恭上任后，“辟县治之后废址，植桑万株，民趁效之，蔚有成绩”。在程恭的大力倡导下，句容的蚕桑业也慢慢发展起来，镇江后来也是元朝丝织品的重要产地之一。“授人以鱼，不如授人以渔”，可以说程恭是一位颇具眼光和经济头脑的地方官员。

元代是蒙古族灭金和南宋以后所建立的王朝，在思想文化上，既是汉族和蒙古族相互融合交流的时期，也是儒家文化及理学思想得到进一步传续的历史时期。早在元朝正式建立之前，蒙古统治者就开始采取了一些吸引中原儒家文人的政策，目的是凭借汉文化的历史与传统，巩固和确立自身的社会政治体制。元代儒学是宋代儒学到明代儒学的过渡期，因此元代儒学的发展和变化对明清儒学的发展起着至关重要的作用。而有元一朝的儒学，至元中期后，越来越多地受到南方儒学的影响，如王柏的弟子张达善北行之后，金华之学愈显于北方就是个很好的例子。程恭在江南句容大兴儒学，既是时代发展的需要，也反映了他的基层社会治理观念，即重视民生的同时，大力发展教育事业，这才是造福地方社会的根本之举措，也给当下的地方社会治理带来深刻的启示。

教育是社会发展的基石。地方经济社会发展最终依靠的是教育和文化，文化作为一种精神力量，能够在人们认知世界、改造世界的过程中转化为物质力量，对社会发展产生深刻的影响。文化是社会意识的重要组成部分，可以为社会发展提供思想保证，文化发挥着维护和批判现实社会的功能，并影响着社会发展的方向。先进的文化能为社会发展指明变革方向，并能够保证社会沿着正确方向前进。文化为社会发展提供了精神动力，中国特色社会主义文化是凝聚和激励全国人民的重要力量，例如红船精神、井冈山精神、长征精神、延安精神、大庆精神、焦裕禄精神等，在中国革命和发展过程中发挥了巨大的精神动力作用。文化也为社会发展提供了凝聚力量，中华文化既坚守本根又不断与时俱进，使中华民族保持了坚定的民族自信和强大的修复能力，培育了共同的情感和价值、共同的理想和精神。文化还为社会发展提供了智力支持，文化主要是脑力劳动和智力活动的产物，体现着人类认识世界的科学成果。因此，我们要弘扬优秀传统文化，为社会经济发展提供正能量。

程恭在句容重视文化教育事业，非常具有远见卓识。我们知道教育的根本价值就是给国家提供具有崇高信仰、道德高尚、诚实守法、技艺精湛、博学多才、多专多能的人才，培养和养育经济与社会发展需要的劳动力，培养合格公民，为国、为家、为社会创造科学知识和物质财富，推动经济增长，推动民族兴旺，促进人的发展，推动世界和平和人类发展。因此，我们要树立“以人为本”的教育观，把教育摆在优先发展的战略地位，实现科教兴国的重大战略方针，促进社会和谐发展，在地方社会营造重视文化教育的氛围。

民生是人民幸福的源泉。经济是民生发展的先决条件，没有经济的发展，不能谈民生。反过来，民生又是经济发展的保障，经济的发展离不开人，只有保障人民的生活需要，使人们能够更好地调动积极性，才能更好地促进经济发展，所以经济与民生是相辅相成的关系。作为地方官为官一任、造福一方，这是很多基层官员的初衷，也是很多人想在地方有所作为，把民生搞上去的动力之一。但是民生发展一定要与当地的经济、社会、文化发展相适应，程恭就是因为抓住了江南的丝织业发达的社会大背景，才能在句容兴起种桑养蚕的热潮，进而带动老百姓的积极性。

好政策是发展的动力。政策是党和政府从制度机制层面做出的引导举措，它一头连接着党和政府，一头连接着人民群众。好的政策能够激发群众热情，充分调动群众的积极性、主动性、能动性和创造性，释放出磅礴力量，增收致富，促进发展。改革开放的政策让整个中华大地从沉睡的状态苏醒了过来，充满动力，生机勃勃，群众的日子越过越红火。时间在往前走，改革开放在继续，好政策也从没有停过。比如，每年年初出台的《中央一号文件》就是为“三农”发展量身打造的政策保障，这体现了党和政府对农民、农业、农村的高度重视，也温暖了群众的心。有了党和政府的政策支持，乡村振兴、小康社会指日可待。保障和改善民生是一项长期工作，没有终点站，只有连续不断的新起点。2013 年 4 月，习近平总书记在海南考察工作时指出，抓民生要抓住人民最关心最直接最现实的利益问题，抓住最需要关心的人群，一件事情接着一件事情办、一年接着一年干，锲而不舍向前走。要多谋民生之利，多解民生之忧，在学有所教、劳有所得、病有所医、老有所养、住有所居上持续取得新进展。

43 大明首辅杨一清

杨一清（1454—1530），字应宁，号邃庵，别号石淙，原籍云南安宁，长于湖南，后定居于江南的镇江丹徒，故又号“三南居士”。杨一清历经成化、弘治、正德、嘉靖四朝，为官50余年，三次出任督抚，两度进入内阁，官至内阁首辅，具有极高的政治才干。他勤政爱民、打击腐败、知人善用、裁汰冗吏、打击宦官专权，一直为后人称颂，是明朝中期著名的政治家。

培养人才。杨一清天资聪颖，幼年就显露出极高的文采，遂被推荐为翰林秀才，明宪宗亲自下令从内阁挑选优秀的老师教育他。经过系统严格的教育，加上先天优势，杨一清14岁参加乡试便中举，19岁即中进士，可谓少年得志。明宪宗成化九年（1473），父亲杨景去世，一清离职守孝三年，不久妻子段氏也离世。因为家境清寒，杨一清无法筹集足够的资金将父亲和妻子的灵柩送回云南祖籍安葬，因为姐姐嫁于镇江，遂将父亲和妻子葬于镇江的岘山下。为看顾亲人坟墓，一清就将家安置于镇江，并将过继的儿子也落籍镇江。至此，杨一清在镇江终老。

服丧结束后，杨一清赴朝担任中书舍人。因职事清闲，在“邃庵”开门设学，教授生徒。在接下来的为官生涯中，杨一清持续讲学授徒，门下培育出一大批出色人才，其中状元、解元及获封高官的多达百人，像吏部尚书乔宇、内阁辅臣靳贵、文学家李梦阳、康海等人均是他的门生。杨一清雄才大略，弟子门徒中能人众多，王阳明认为比起隋朝的文中子王通，有过之而无不及。

治理边疆。明孝宗弘治十五年（1502），边关告急，战马供给不足，经兵部尚书刘大夏举荐，杨一清受命担任都察院左副都御史，督理陕西马政。在冷兵器时代，马具有重要的军事意义。为了囤积军马，当时明朝政府常用茶叶同藏民换马，从中原至西藏长达千里的“茶马古道”就此形成。杨一清到任后，铁腕整治茶马司及相关官吏的腐败行为。罢免了苑马寺卿李克恭和灵武监正李谦。李克恭在任三年，竟然有6400多匹马被盗卖；而李谦为了偿还高利债务，利用职务之便，四处搜刮，导致民不聊生。同时，在陕西任职期间，杨一清根据实际情况和个人才干，将山西太仆寺卿王琰和陕西太仆寺卿袁宏的职位进行对调。经深入茶马贸易市场调研，杨一清发现直接用茶叶兑换马匹比用官银购买马匹划算。因此，他主张实行招商买茶，即鼓励山西、陕西商人将茶叶卖给政府，政府用买来的茶叶直接兑换马匹。由此，一万官银由以往购买不到一千匹马，改革后可以兑换三千匹马。同时，杨一清还将茶马司与苑马司合二为一，受巡茶御史统一管理，使得茶马交易能够与军备马匹调拨配合。经此改制，陕西先后换得马匹两万余匹，杨一清负责的三个区域（西宁、河州、洮胜州）茶马司存茶八十万斤，收效尤为显著。他还大胆起用新人，任用资历浅但能力强的官吏，使得当时的陕西官场风气大振。

杨一清在西北管理马政期间，明孝宗驾崩，武宗即位。在当时的政治舞台上，宦官当权，不仅参理朝政，甚至还掌控皇朝的命运。杨一清不趋附宦官，因而受到当时大宦官刘瑾的迫害，遭受打击后回到镇江赋闲。正德五年（1510），安化（今甘肃庆阳）王朱寘鐇起兵作乱，内阁主张重新起用杨一清。在平息作乱期间，杨一清与当时的宦官张永联手，设谋让武宗处死刘瑾，沉重打击了刘瑾宦官集团势力。

不久，杨一清被召回北京先后担任户部尚书、吏部尚书，逐渐进入明朝的权力中枢。在担任吏部尚书期间，杨一清任用贤能、黜落奸佞，使得明朝政府能够在武宗长期不理朝政的背景下正常运转。正德九年（1514），杨一清被任命兼武英殿大学士进入内阁，参政议政。正德十一年（1516），因不满宦官乱政，一清毅然辞官回乡。嘉靖三年（1524），朝廷重新起用杨一清为兵部尚书、左都御史，总管三边军务。嘉靖五年（1526），杨一清回京入内阁，做回首辅。世宗看重杨一清才名，曾赐他两枚银制印章：一枚“耆德忠正”，用来回答皇帝咨询学问、政事；一枚“绳愆纠违”，用来指出朝政缺失。后来世宗听信谗言罢免杨一清，一清受此打击，又因背疮迸发而死。4 年后，世宗追封杨一清旧职，又过 12 年后追赠太保，谥号“文襄”。

明朝中叶政治日趋腐败，官场生态十分严峻，结党营私、贪污腐败成风。不想同流合污又想有一番作为的杨一清，在这样的环境下个人仕途坎坷不平，三起三落，最后郁郁而终。但是他为官一生，兢兢业业，一心为民，不管是在地方任职还是在中央为官，无时无刻不想着为百姓谋生存、为国家谋利益，十分值得我们学习。习近平总书记在中央党校 2010 年秋季学期开学典礼上的讲话中指出，“戏剧《七品芝麻官》中有一句台词，叫作‘当官不为民做主，不如回家卖红薯’。共产党干部的境界和责任感，总不能连一个封建社会的七品官还不如。看一个领导干部，很重要的是看有没有责任感，有没有担当精神。肯干事、干成事的干部越多，党和人民事业就越有希望。党组织把我们放在领导岗位上，给我们提供为人民服务的大舞台，这是对我们的信任，一定要珍惜使命、不负重托，在难题面前敢于开拓，在矛盾面前敢抓敢管，在风险面前敢担责任，尽心尽力干好工作。”我们当代共产党人，只有时刻把人民群众放在心上，以杨一清为榜样，不管在何时何地，身居何位，都应当时刻心系祖国、心系人民。

忠于职守，爱民如子。杨一清在嘉靖朝入阁之初，就曾规劝明世宗励精图治，要开放言路，省刑薄赋，与民休息，所以嘉靖初年的社会比较安定，出现了难得的“中兴”局面。杨一清认为统治者御下应采取刚柔并济的策略，内部需要宽容，以和为贵，而朝廷中枢官员之间更要以诚相见，协心同力，共襄国是。杨一清曾经撰写《西征日录》一卷，这部日记详细记录了他在正德年间以 70 高龄从京口赴任三边总制的过程。该书逐日记载他在赴任途中的闻见及如何处理何锦兵变的事情。从离开京口，风雨无阻、日夜兼程到达固原（今宁夏固原），行程三千余里，备极艰辛，从侧面也反映了他忠于职守、无所畏惧的品格。

杨一清凭借广博的学识和丰富的政治阅历，在当时的官场中实属清流。他在加强西北边防建设、防御少数民族侵扰、正确处理民族矛盾、保障西北地区安全等方面，做出了重大贡献；嘉靖初年，在由“大礼”议引发的错综复杂的朝臣矛盾情况下，他不顾个人安危，为因议礼获罪的同僚极力辩护，最后祸及己身；他还曾上书，直言江南织造给当地老百姓带来的骚扰，请求朝廷予以罢免。他的这种大无畏精神深得士大夫们赞许。《明史》称杨一清“其才一时无两”，“或比之姚崇”，都是比较中肯的评价。“忠于职守、爱民如子”，自古以来便是一名合格官员所需要具备的基本要求；“始终把人民放在心中最高的位置”，这是我们新时代党员干部们应当从杨一清身上学到的优良品质；“如何真真切切地为百姓做实事”，是党员干部们随时随地都应该考虑的现实问题。新时代党员干部们在中国梦的奋斗道路上应当不断地将这些品质要求内化于心、外化于行，不断奉献祖国、奉献人民。

知人善用，造福一方。杨一清不仅精于治道，还善于选拔、任用人才。《明史·杨一清传》记载其“于时政最为通练，而性阔大”，“爱乐贤士大夫，与共功名”。杨一清认为人各有长处，应知人善用，让每个人都能从事自己拿手的工作，这样则事半功倍。比如嘉靖八年（1529），詹事霍韬上书，建议将刑部尚书胡世宁改掌都察院，杨一清很是赞同，他认为都察院这样的监察机构，只有如胡世宁这样刚正不阿、敢于直言的官员才能称职。但他对霍韬提出将兵部尚书王时中改掌刑部的建议质疑，认为时中精于边务，而刑狱审判并非其所长，“今若以兵改刑，是违其所素习，而试之以非所长之事也”。同年，吏部尚书方献夫借灾异上言提出“重守令”，即重视地方知府、知县等亲民官的选用，建议通过多选进士以充郡守县令。

杨一清则对时下用人只重进士出身提出异议，并提出恢复国初“三途并重”的人才选用办法，也就是知县人选除进士外，举人、监生“相间考选除用”，不得以出身论之。他的建议得到了明世宗嘉靖皇帝的赞许，下诏称：“地方牧民官，其果才能廉洁，为我爱民者，一体擢用奖劝”。杨一清一生任边方督抚二十余年，史称其“麾下自偏裨起而为大将封侯佩印者累累然”。他对明代军事状况了解深入，特别对明中叶以来武官地位下降，重文轻武的现象提出异议，认为武将不同于文官应该区别对待。他的大格局、大气魄，合理地使用人才，不仅有利于中央政策在地方的执行，更是一方百姓的福气。这对于当代正处在蓬勃发展中的中国也具有现实指导意义。《晏子春秋·内篇问上》中提到，“任人之长，不强其短；任人之工，不强其拙”。每个人的能力各有短长，所以用人时要尽量发挥每个人的长处。习近平总书记在 2021 年 9 月 27 日至 28 日的中央人才工作会议中指出，“党的十八大以来，党中央作出人才是实现民族振兴、赢得国际竞争主动的战略资源的重大判断，做出全方位培养、引进、使用人才的重大部署，推动新时代人才工作取得历史性成就、发生历史性变革。党对人才工作的领导全面加强，人才队伍快速壮大，人才效能持续增强，人才比较优势稳步增强，我国已经拥有一支规模宏大、素质优良、结构不断优化、作用日益突出的人才队伍，我国人才工作站在一个新的历史起点上。”一个国家的竞争，归根结底是人才的竞争。从国家层面发现人才，给予人才一个良好的发展平台；从政府、用人单位层面善用人才，做到人尽其用，这才是古往今来盛世之基，国家的发展才会有绵延不绝的动力。

一心为民，打击腐败。杨一清做官的时代正值明朝由盛入衰，制度的执行中积累了很多弊病。例如嘉靖初年，作为明代京军核心的十二团营早已破败不堪，主要表现为严重缺员和战斗力低下。臣僚建议嘉靖帝清理团营积弊，重整军备，遂命时任大学士的杨一清等督理。杨一清开始整顿团营，其重点在于清查兵丁钱粮实数，并量行裁补，挑选精锐，严加训练，查出了很多腐败事件。虽然最终因政治斗争和政敌的阻挠，导致这次清理团营策略没有完全执行，但是京师营务军备在杨一清等人的努力下大有起色。

在平定安化王叛乱之时，杨一清总制军事，监军是宦官张永，当时武宗朝朝政为大宦官刘瑾把持，而刘瑾与张永不和。刘瑾为了向明武宗邀宠，经常进献鹰犬、歌舞、角抵等，又常常引诱明武宗“微服”出宫游玩。他还劝明武宗下诏，要那些在外监军的宦官，每人须上交“万金”的“承包费”，大兴敛财。同时，刘瑾又在京城周边广置“皇庄”，达三百多所，夺人土地，侵民害物。刘瑾利用权势，肆意贪污。他劝明武宗下令各省库藏尽输京师，从中贪污大量银两。公然受贿索贿，大搞钱权交易。各地官员朝觐至京，都要向他行贿，谓之“见面礼”，动辄白银千两，有的高达五千两。武宗不顾朝廷连篇累牍的弹劾奏章，依然宠幸刘瑾，杨一清利用张永和刘瑾的矛盾，一举歼灭刘瑾党羽，为民除害，赢得老百姓盛赞。党的根基在于人民，力量源于人民。“打铁必需自身硬”。我们共产党人应当强化自我约束、自我修养，为百姓做实事才能不忘初心、竭心尽力。反腐倡廉工作做得好不好，关键在于能否维护好最广大人民的切身利益。如今，国家的发展离不开像杨一清这般的好干部。杨一清为官一身，历经四朝。他忠于职守、爱民如子，他知人善用、造福一方，他一心为民、打击腐败，各级党员干部应加强对杨一清事迹的学习，积极投身于勤政爱民、建设祖国的伟大事业中，为实现中华民族伟大复兴奉献青春和汗水。

44 爱民如子徐九思

徐九思（1495—1570），字子慎，出生在江西省贵溪县（今江西贵溪）一个普通农民家庭。在他的成长过程中，双亲相继去世，他与祖母周氏、继母艾氏相依为命，历尽坎坷，刻苦求学，立志造福于民。

嘉靖十五年（1536），已过不惑之年的徐九思，上任句容知县，他一心为民，励精图治，在句容留下了一系列值得歌颂的德政。嘉靖二十四年（1545），徐九思在句容任职历九载后，奉命调任工部主事，这一消息传出后，句容父老们纷纷来到县衙，遮道挽留，请他临别赠言。他说：“勤则不匮，俭则不费，忍则不争。”徐九思的这句话，在民间流传甚久，“勤、俭、忍”三个大字，也被称为“徐公三字经”。

“勤”，就是勤于公务。他到句容上任的第一步就是澄清吏治，严格执法。一次，一个胥吏袖藏空白公牒，准备私盖公印，被徐九思当场抓获，群吏为他求情，遭到了严词拒绝，终被绳之以法。事后，“胥吏人人惴恐于法，不敢有所舞弊”。同时，为防司空见惯的胥吏审狱徇私现象，“每受讼牒，必命其人为亲识借往”。让当事人当庭相对，审理前自己先行调查，判决时即以“所言相同处断”，遇到“所述不同”即当面对质。为避免县吏在征税催赋、佥派徭役时营私舞弊，他改过去由胥吏全权经办征税催赋事务为自己直接参与处理，先了解乡民贫富、道里远近、赋役轻重，再依据实情分配徭役，平衡赋税的轻重，查实豪强隐占的赋额，不再转嫁到贫困户头上。

“俭”，就是节俭裕民。徐九思初任知县，即逢水灾、旱灾、蝗灾、震灾，百姓饥寒交迫，差吏却不停搜刮，苛捐杂税层出不穷。为明其心志，徐九思在县衙前石屏上画了一丛青菜，题词曰：“为民父母，不可不知其味；为吾赤子，不可令有此色。”意为官不能贪图安逸，不可不问民间疾苦，不知青菜滋味；也不可让子民百姓缺衣少食，面如菜色。他以此鞭策自己，身体力行地诠释“节俭裕民”。徐九思出任句容，平日里以蔬菜佐糙米饭，很少食肉甚至不食，“生平不嗜肉，唯啖菜”。他还以身作则，亲率吏卒，在城西县衙所属的大园圃中，开荒种蔬菜瓜果，挖塘养鱼（把园中水池改建为养鱼池），饲养鸡、鸭、羊等牲畜。园中的收获不仅可改善县吏们的生活，还可作县里招待过往宾客的费用，减少了一笔百姓头上的摊派。以此减少县衙供给，并补充了县衙部分开支。当时，朝廷规定地方粮簿上有一笔可供地方支配的例金，用以招待过路官员，他对此分文不取，且本着惠民之心，毅然将这笔例金革除。这与当时肆虐官场的贪奢之风形成了鲜明的对照。

“忍”，就是忍则不争。徐九思面对趋炎附势的官场弊端，做到不争名，不图利，守廉安贫，不忍心为己而与当时官场的奔竞之流同流合污。正是由于他耐得住清贫，忍得住名利，不计较得失，才敢于同豪强侵害百姓利益的行为作坚决的斗争。如遇灾年，救济粮按照旧例应当全以平价出售，其值上交。徐九思则想百姓之想，认为：灾年中真正有难的灾民早已无钱，平价之粮对于他们犹如市价，而有钱的豪民富户却乘机抢购国积，导致灾荒愈加严重。针对于此，徐九思依据实情进行改革，在县内将上司拨下的救济粮，小部分以市价出售，用以上缴国库，其余之粮则在县衙之前施粥，使有钱者无空可钻，无钱者却能真正受惠于救济。他还在灾年一改过去用法宽和的态度，对拒贷积谷以投机倒卖者、乘灾抢劫者予以严厉惩处，一捕入狱就执之以法。故人称徐九思治县“御豪猾则特严”，“不尽法不止也”，使“豪猾敛迹不敢肆逆”。由于徐九思的不争名利，不计得失，他在句容知县任上一干就是九年，深受百姓拥戴，在他被调入京的当年，句容民众就自发为其建生祠四五座。

《乾隆句容县志》载："徐九思，一名九经。江西贵溪人，由举人为句容令，清介爱民。"为官期间，他将一腔热忱全部捐洒在百姓身上，爱民胜于惜身惜官。他去世后，祠前逾万祭奠者，就是他最好的评价。

"七品芝麻官"，是形容官小；"青菜县官"，是比喻官清。明代嘉靖年间句容知县徐九思就是这样难得的清官。徐九思一生为明朝孝宗、武宗、世宗、穆宗、神宗五世臣，虽官职不高，但刚正廉洁，爱民如子。后世以他为原型创作了京剧《徐九经升官记》，里面有一句经典台词"当官不为民做主，不如回家卖红薯"流传甚广。这话未必是徐九经说的，却很符合他一生的为人。我们共产党人也理应以徐九思为榜样，把为人民幸福而奋斗作为自己最大的幸福，只有这样才能拥有高尚的、充实的人生。正如习近平总书记所说："共产党人必须牢记，为民造福是最大政绩。"

廉洁奉公，澄清吏治。明朝中期官场积弊甚重，贿赂盛行，贪风剧烈，官匪乡霸欺民者姑息法外。徐九思出任句容知县不久，即着手整顿吏治，对营私舞弊、违法乱纪的官员秉公处理，严加惩治，使官风为之一变。他还整顿赋役旧制，在一定程度上解决了徭役严重不均的问题。加之其办事公正，对百姓勤劳守法者多予恩惠，对豪强盗徒严惩不贷，所以在其执政期间，句容治安越来越好，社会秩序稳定。徐九公两袖清风，勤勉于政为当时所称道，更值得我们相沿成习。

"政如农功，不勤无以成事。"勤政是党的宗旨的具体体现，是老百姓评判好干部的一贯标准，也是实现"人民对美好生活的向往"这个奋斗目标的重要前提。要始终坚持"以习劳苦为第一要义"，把民生改善放在肩头，办好该办的事，千方百计提升群众的幸福指数，杜绝庸、懒、散、告别虚、浮、拖，以"马上就办"的行动干事，用汗水浇灌人民的事业，用双手推动改革开放"大潮奔涌逐浪高"。共产党员必须把中心工作抓牢抓实，推进各项工作提速提效提质。以讲奉献的情操干事。奉献是自愿的付出，是一种高尚的精神境界。党员干部要有夙夜在公的精神，在岗一日，尽责一天。以"钉钉子"的韧劲干事。对打基础、利长远、惠民生的事，要以"功成不必在我、建功必须有我"的宽广胸怀和主动作为，一抓到底"钉钉子"，一以贯之抓落实。

克俭克勤，节用裕民。徐九思为官自奉清廉，厉行节俭：居室堂挂青菜图，时刻提醒自己以身作则；亲率吏卒，开荒挖塘，种菜养殖，收入作为招待过往宾客和县衙部分费用开支；消减招待往来官员的支出，用以修路、补充公用等。可以说徐九思真正诠释了《荀子·富国》中所说："足国之道，节用裕民，而善藏其余。"

如今，虽然中国人民的生活早已告别节衣缩食的困苦境地，但我们党应当不忘初心，时刻保持艰苦奋斗的作风，做到"政府要带头过紧日子"。我们党靠的就是艰苦奋斗起家，也靠它不断发展壮大。少了这个优良传统，过去的民族独立和今天的国家发展，都是一句空话。而政府带头过紧日子，就要做到改作风、减开销，把更多的财力用在支持经济建设、社会事业发展和改善民生上，为构建廉洁和为民的政府提供保障。是给老百姓花钱多，还是给政府工作人员花钱多，就是考验执政者如何平衡利益的风向标。"政府要过紧日子"是一句贴心话，更是惠民之举。只有把此话当作一种追求甚至一种信仰，才能达到透明、阳光、服务型政府应有的境界，才能使政府取信于民，树立自身良好的形象，也才能使人民满意。

忧国奉公，爱人利物。古人认为，父为子之本，民为官之本。父母与赤子之间，官员与百姓之间，要将心比心、以心换心。徐九思为官期间，整顿赋役制度，严惩贪官污吏、豪强刁猾之徒，灾荒之年合理分配救济粮，拯救百姓于水火之中，正是视民如子，倾心服务。现在的各级领导早已不是老百姓的"父母官"，而是为人民服务的人民公仆，但"为政当思民疾苦，做官常怀律己心"的品质，却是任何时代为官者都应具备的。

"天地之间，莫贵乎民；悠悠万事，唯民为大。"时刻想着群众，口碑才能立在人民心中。一个人爱的最高境界是爱别人，一个共产党员爱的最高境界是爱人民。当前，改革进入深水区，留下的都是难啃的"硬骨头"，党员干部唯有放下架子、俯下身子、扎进现场，始终与群众同甘共苦，才能当好发展的开路人，凝聚起最磅礴的力量。我们共产党人要勇挑最重的担子，敢啃最硬的骨头，要把百姓当作自己的亲人，把群众的事情当作自己的事情，急群众所急，帮群众所需，解群众所难，在人民中间留下响当当、硬邦邦的政绩政声，才能无愧于合格党员的称号，不负人民公仆的称谓。

45 体恤民情笪继良

笪继良（生卒不详），字抑之，号我真，句容县人。历任宁国（今安徽宣城）教谕、铅山县令、绛州知州、上林良牧署、顺天府判、大京兆尹等，多有建树，后迁工部郎、总河都御史。

笪继良自明万历四十四年（1616）至天启元年（1621）任铅山县（今江西上饶）县令。事实上，笪继良出任铅山县令的这六年，来自统治阶级的横征暴敛、土豪劣绅的趁火打劫使得明朝正处于民力凋敝、百业凋败的时期，朱明政权可谓上下交困、内忧外患，老百姓如同铁板上受到炙烤的蚂蚁，苦不堪言。笪继良面对这严峻的社会现实，极力改善弊政，体恤民患，鼓励农耕，推行德治，力戒饥馑，使铅山人民在困苦的生活环境下得以温饱。

体恤民患。笪继良上任铅山知县之际，正值当地连年灾荒，百姓处于水深火热之中，甚至有人卖儿鬻女。一日，笪继良微服私访，来到鹅湖山下北极村一户郑姓农家，发现屋里的人个个饿得瘦骨嶙峋，面带菜色。言语攀谈后笪继良得知这户人家中粮食和蔬菜早已吃完，卖了一男一女换的几斗杂粮也所剩无几。他立马请来郎中为郑家老少看病，并进一步了解到当地粮户任东家买卖贫农家儿女的恶劣行径。笪继良严肃处理此事，从为富不仁、逼卖贫家儿女粮户家中“借银借粮”分发给无粮有病的灾民，并科以刑罚。同时他结合当地灾荒情势，组织各家各户大种白菜和晚秋杂粮自救，避免了饿殍枕藉的社会惨状。

“白菜”县令。经历此事后，笪知县让人到永平镇北鹅湖山中采来一块青灰石板，亲自在石板上描绘了一株叶、梗、须皆栩栩如生的白菜，画面清新，脉络分明，形象逼真，并题词：“作为地方‘父母官’，不能只图自己安逸享乐，不问民间疾苦，不知青菜的滋味；作为子民百姓，不能让他们缺衣少食，面带菜色。”笪继良命人将其立于县衙中醒目处，以警示告诫自己和僚属要以人为本、为民办事。后被世人称之为“白菜碑”，笪继良也被民间昵称为“白菜”县令。一棵白菜，抒殷殷爱民之情；两句格言，明先贤为政之心。白菜的清淡质朴，如同县令的处事做人一样。他以碑为铭，关心百姓冷暖温饱，体恤百姓悲戚劳苦；杜绝腐败和庸惰，尽心竭力为民办事。使治下百姓老有所养，壮有所为，幼有所教，丰衣足食。

深入百姓。笪继良践行承诺，处处走访地方贤士、乡人，了解乡风民俗、地力物产，广纳治县良策。他认为：“教化关乎风俗，风俗起于人心。”因此鼓励教育，认为这是开启民智、振兴县邑的第一要务，他倡导各乡村殷实人家捐资兴学，并主持修纂铅山历史上第一部县志——《铅书》，承前启后，存史资治。他见铅县县民迷信之风盛行，患病百姓不延医问药，反而请巫师“求神驱鬼”，以致耽误病情，枉送性命，便从外地请来名医，劝百姓弃巫信药，并广设药铺，以方便群众购药治病。当时，县境新岭山上常有猛虎出没，白天竟下山伤害人畜。笪继良闻讯后，亲赴现场巡视，并悬重赏驱虎，使当地群众得以安居乐业。乡民感其爱心，特地在新岭山顶竖“驱虎石”碑以示纪念。

笪知县调离铅山后，铅山士民深怀其恩德，集资在永平镇北彭溪桥兴建了“笪公”生祠以祭祀，供奉他的塑像，将白菜碑立于祠内，并筹资置田产，以奉祀事。这种为在生的人建庙立祠之事，即使在封建社会中，也属鲜见。

毛泽东同志说："典型本身就是一种政治力量。"一个生活在400年前的封建县令，尚能立白菜碑于县衙大堂中，鞭策勉励自己以民为本，爱民如子，全心全意地、一心一意地"报本"，以杜绝自己为官腐败和僚属庸惰。这对当今新时代的共产党人理应有所启迪，以笪继良为榜样，见贤思齐、踔厉奋发：做到从群众中来，到群众中去，敢担当、善作为，真正地为百姓做好事做实事。正如马寅初老先生所说，官者当立白菜碑，时刻警醒自己，也明示于百姓，用一颗白菜心去为官为政，才能清清白白做官，踏踏实实做人。

励精图治，忠于职守。明朝后期官场积弊甚重，贪污贿赂成风，政治日趋腐败。笪继良上任铅山知县以后，面对严重的灾荒，不仅对趁火打劫的官匪乡霸严加惩处，还根据当地的水土特质带领大家种植合适的农作物，让百姓免遭忍饥受饿之苦。同时，笪知县处处走访地方贤士、乡人，了解乡风民俗、地力物产，广纳治县良策。在此背景下，他大力倡导教育，编写县志《铅书》；他还发展医疗广设药铺，劝百姓弃巫信药，让铅山县人民的生活步上正轨。知县之官虽小，笪继良却尽职尽守，为百姓过上好日子竭诚尽节，殚诚毕虑。

励精图治潮头立，久久为功正当时。作为一名党员干部，忠于职守是最基本的忠诚。既要忠于职责，也要忠于操守。忠于职责，就是要自动自发地担当起岗位职能设定的工作责任，优质高效地履行好各项义务。而忠于操守，就是为人处世必须忠诚地遵守一定的社会法规、道德法则和心灵法则。二者缺一不可。党员干部应当灌满开拓进取的勇气，秉承水滴石穿的精神，尽职尽责地完成好党和人民交给我们的各项工作任务。不管困难再大、任务再重、坎坷再多，都能坚定必胜信心和决心，知难而进不言难，迎难而上不畏难，勇于开拓不惧失败，敢于攻坚不惧风险，善于谋略不惧挫折，成就一身勇于担当的气魄。

克俭克勤，律己正身。笪继良为官节俭倡廉，律己正身：为明其心志，他在青灰石板之上刻白菜一棵，时刻警醒自己要以人为本、为民办事。生活中始终保持吃苦耐劳、节约朴素的精神。在吃穿住行上崇尚简朴，在生活作风上严于律己，与当时肆虐官场的贪奢之风形成了鲜明的对照。

党在历史上多次遭遇艰难困境，为此，党员干部和群众同心同德过"紧日子"，省吃俭用，先后大规模地开展节省运动。这些做法是中国共产党应对和化解困境的成功经验，而且克勤克俭、厉行节约也逐渐成为党员干部的一种自觉和行为习惯，成为党的一项优良传统。如今，要加强和改进党的作风建设，抵制腐败，保持与人民群众的血肉联系，党员干部仍需要树立过“紧日子”的观念，坚决反对铺张浪费、大手大脚，把有限资源用在经济社会发展的关键部位和薄弱环节，使艰苦奋斗精神成为凝聚人心、共克时艰的重要法宝。正如习近平总书记所指出的，“不论我们国家发展到什么水平，不论人民生活改善到什么地步，艰苦奋斗、勤俭节约的思想永远不能丢”。

体恤民情，爱民如子。“衙斋卧听萧萧竹，疑是民间疾苦声。”笪继良在任期间时刻心系百姓，关注民间疾苦，把老百姓的利益放在第一位。在得知农户卖儿鬻女后，他对土豪乡绅强买强卖农户子女的恶劣行径严加惩处；在听闻老虎出没伤人事件后，立即悬重金驱虎，保障人民群众财产安全；同时他大力发展教育、医疗，兴设学堂广开药铺，坚持人民至上，不断造福人民。

一百年来，中国共产党带领中华民族、中国人民创造了世所罕见的辉煌成就，在此过程中凝聚形成了中国共产党人的精神谱系。这个精神谱系，是人民至上的情怀。我们党来自人民，为人民而生，因人民而兴，始终与人民同甘共苦。

“联系群众鱼得水，脱离群众树断根。”人民群众是我们党的来源，也是依靠的对象和服务的对象。我们党员要始终牢记为中国人民谋幸福，为中华民族谋复兴的初心和使命。因此，党员干部要不断提升服务人民的能力。作为党的领导干部，要牢记宗旨，时刻把群众的安危冷暖挂在心上。群众利益无小事，更重要的是把嘴上说的、纸上写的、会上定的，变成具体的行动、实际的效果，让人民群众有实实在在的获得感，真正赢得群众的拥护和支持。要对群众怀有真感情，而不是把感情当牌打。老百姓是天，老百姓是地，领导干部永远是人民公仆的身份不能变，要想得到群众的信任，靠的是实实在在的人品，靠的是为民办实事的工作能力。

46 “太平宰相”张玉书

张玉书（1642—1711），字素存，号润甫，江苏丹徒（今江苏镇江）人。张九徵次子，张玉裁之弟。张玉书自幼刻苦读书，顺治十八年（1661）考中进士，熟读“春秋三传”，尤精史学。官至文华殿大学士兼户部尚书，任官期间，辅佐康熙帝治理朝政，清正廉洁，国泰民安，被誉为“太平宰相”。

张玉书博学多才，为官一生，处事小心谨慎，廉洁奉公。其父张九徵在张玉书进京不久即寓书叮咛，教以勤职修业，保身立名。张玉书牢记父亲教诲，自顺治十八年考中进士，授翰林院庶吉士算起，至康熙五十年（1711）卒于相位，居官整整五十年，远避权势，门无杂宾，处理一切政事从容自如，得心应手，深得康熙帝的信任并委以重任。

治水能臣。张玉书博学多才，深谙水利，可谓治水能臣，在治理黄河一事上功不可没。清朝初期，黄淮两河屡次发生洪灾，不仅严重危及百姓的生命财产安全，更是影响到关乎国家命运的漕运。康熙二十七年（1688），由靳辅主持的治河工程遭人弹劾，并说靳辅与纳兰明珠结党营私，私分河银。康熙帝责成张玉书调查此事。张玉书通过实地考察，根据调查结果向康熙作了汇报。在奏折中，他充分肯定了靳辅之功，并提出了增建减水坝，闭塞支河口”“诸水口改筑石堤”“作坝引汶水通漕，其下流以淮水敌黄，黄水趋海，此万世利也”等卓有成效的建议和实施方案。由于治理得法终于使黄淮分流，保证了运河的畅通，便利了漕粮的运输，使得黄河在很长时间内没有发生大泛滥，原来被淹的苏北大片土地得到了垦种，百姓得以安居。康熙四十六年（1707），河道总督张鹏翮请开溜淮套河，张玉书随帝南巡对该工程亲自进行考察，又一次提出引汶水入运河，“淮水敌黄，黄水趋海”的建议。这些意见都受到了朝廷的重视和采纳，对治理黄河、运河起到了重要作用。

体恤民情。张玉书在任期间心系百姓，体恤民情。一次早朝期间，康熙帝问座下臣子世间何物最肥何物又最瘦。看似简单的问题若想要交出令康熙满意的答案却颇为困难，一时间饶是饱读诗书的大臣们也都支支吾吾不知如何应答。此时张玉书站了出来，恭敬诚恳地回答道：“普天之下春露最肥秋霜最瘦。”此番回答表面指自然界的风霜雨露，实则以百姓作喻，春露充足意味着来年为丰兆之年，秋霜严重则意味着秋收无望，可见张玉书时刻关心农桑，心怀天下百姓，乃名臣之楷模。

清廉俭朴。张玉书虽身居高位，但在生活上十分清廉俭朴，拒绝享乐奢靡之风。张玉书云：“久而不废者，大抵巧不如朴，繁不如简，华不如实，缛不如洁。”他饮食粗淡，不食肉，每餐只吃素菜和粗粮或山药少许。康熙五年（1666），其原配夫人吴淑人去世，其岳母念其当时才三十五岁，劝其再娶，并主动派人进京送去姬妾，张玉书婉拒，其后数十年独处一室终身无姬妾。当时的士大夫见张玉书之风范，莫不钦佩。康熙南巡时，见张玉书在镇江的家中住宅条件不好赏赐千金给他造房，但张玉书却把赏金全部捐给刑部，为各地监狱铺设地板，以免囚犯睡在泥土上得病。这种克己奉公的精神，正是表现他能体察民情的细微之处，也是他能深入民心的源头所在。

张玉书为官五十年，仕途一帆风顺，步步高升，稳居宰相之位二十年有余，不仅与其渊博的知识储量及卓越的工作能力密切相关，也与其远避权势，廉政爱民，忠于职守的工作作风密不可分。《清史稿》称赞他：“久任机务，直亮清勤，朝廷倚以为重。”作为当代共产党人理应研读琢磨张玉书的为官经历，以张玉书为榜样，展开自我反思与自我批评，做到时刻心系百姓，不负重托，为奋进新时代砥砺前行。

忠于职守，忧国恤民。张玉书为官期间秉公处理了河道总督靳辅遭人弹劾一案、杭州驻防清兵扰民一案，凡朝廷所任之事均深入下层，亲力亲为，多方取证核实，秉公呈奏。他还曾三次随帝征讨边疆叛乱，军功显著。张玉书真正做到在其位谋其职，任其责尽其事，为国家繁荣昌盛鞠躬尽瘁，殚诚毕虑。“忠于职守、忧国恤民”是中国千百年来检验一名官员是否合格的基本要求，站在两个一百年奋斗目标的历史交汇点上，我们新时代的党员干部更要从张玉书的故事中汲取营养，更加严格要求自己，以自己的本职工作为基础，以强烈的事业心和责任感来对待工作，自觉做到“讲政治、有信念，讲规矩、有纪律，讲道德、有品行，讲奉献、有作为”，苦累面前多思德，工作当中多思责，“专心致志，以事其业”，真真切切地为百姓做实事，为党和国家的现代化建设贡献力量，做到行无愧于人，止无愧于心。

以民为本，爱民如子。张玉书始终坚持将百姓放在第一位。在康熙帝询问文武百官“天下何为最瘦何为最肥”时，张玉书即刻想到百姓，站在百姓的角度以春霜秋露为喻分别联系到丰收之年和灾荒之年；在为官期间，他多次参与治黄工程，使得土地复垦复种，百姓能够安居乐业。这一切都体现出张玉书勤政为民，时刻关心农业生产、体恤百姓疾苦的朴实情怀。

正如习近平总书记在十三届全国人大三次会议时所指出的：“我们党没有自己特殊的利益，党在任何时候都把群众利益放在第一位。这是我们党作为马克思主义政党区别于其他政党的显著标志。”党团结带领人民进行革命、建设、改革所作出的每一项决定、做的每一件事情，都是为群众谋利益，让人民过上好日子。我们基层党员在工作中无论面临什么困难都应当敢担当、善作为，真正地为百姓做好事、做实事。坚持不懈地为群众想办法办难事，始终坚持以人民群众为中心，牢记人民利益高于一切，真心实意为群众解决实际困难，增强人民群众的获得感、幸福感、安全感。永远保持党同人民群众的血肉联系，永远与人民同呼吸、共命运、心连心，就一定能够形成强大合力，从容应对各种复杂局面和风险挑战，不断夺取具有许多新的历史特点的伟大斗争新胜利。

节俭倡廉，律己正身。张玉书虽然身居宰相之高位，但是并没有向其他高官一般贪图尊贵奢靡的生活，依然秉持从小吃苦耐劳、节约朴素的精神。在吃穿住行上崇尚简朴，在生活作风上，即使爱妻离世也没有恣心纵欲，还将皇上赏赐的金银珠宝悉数捐赠与刑部，用于改善监狱环境，时刻不忘忠君爱国。“节俭倡廉，律己正身”实际也是一种官德教育，与我们当前廉政建设所倡导的“加强干部队伍作风建设”不谋而合，领导干部作为建设的重要主体更应以身作则，加强对自身的廉政建设，树立良好的作风形象。一方面，坚守艰苦奋斗之风，不断养成勤俭节约、艰苦奋斗的优秀品质，摒弃铺张浪费、奢侈无度的不良作风，厉行节俭这一中华民族传统美德；另一方面，严于律己，弘扬求真务实作风，这就需要干部队伍脚踏实地、诚信做人、扎实做事。只有领导干部不断提高自身修养，才能发挥带头作用，教育、影响更广泛的多数人。

47 清代名臣王杰

王杰（1725—1805），字伟人，号惺园，陕西韩城人，聪颖好学，曾在江苏巡抚陈宏谋门下当幕僚，分别以陕西会考第一、京考第三进呈乾隆皇帝殿试。适逢乾隆欲在北方选拔人才，见王杰字迹工整清秀，便把他拔为第一，遂成为清朝开国第一名陕西状元。祖籍山西，先祖于万历年间自洪洞县迁徙至韩城务农度日，后王杰父亲王廷诏始为石门县主簿，但王家生活并没有得到改善。王杰以状元身份授翰林院修撰，并五迁至内阁学士。深得乾隆帝的信任，仕途平步青云，历任吏、兵、刑、工、礼五部侍郎，后任兵部尚书、军机大臣、东阁大学士等中央机关要职。在此期间，王杰担任浙江、福建学政，多次主持地方教育及科举考试事务，同时负责《四库全书》《三通》及实录馆、国史馆的编纂工作。王杰在平定台湾、廓尔喀部的军事行动中运筹帷幄，决胜千里，两次挂像紫光阁，得到乾隆帝“典学七闽，肃正士风。台湾民俗，颇悉心中。山海险夷，参画具通。有佐樽俎，图貌纪功”的高度认可。嘉庆十年（1805），王杰去世，享年八十一岁，赐谥文端。

为官清廉。王杰一生为官清廉，忠清劲直，老成端谨，不结党营私，不趋炎附势。在嘉庆帝在位期间，川陕豫楚土地兼并和剥削十分严重，民不聊生，暴发了白莲教起义，难以平息，王杰虽时值因病不在任，但他密切关注白莲教起义，上书主张实行怀柔政策，优待“归顺”的起义群众，并分析起义的根源在于地方吏治黑暗、官逼民反。主张用募兵的方法把乡勇和起义人员改编为正式军队。面对恃宠弄权、结党营私、贪污受贿的和珅，王杰能够勇敢地站出来与其做斗争。嘉庆皇帝亲政期间，借遗诏将和珅收押，朝中唯有王杰挺身而出主审和珅，为重振社稷立下汗马功劳。

勤政爱民。王杰勤政爱民，将儒家思想践行到自己的整个仕途生涯，他体恤民情，深入百姓生活，时刻关注社会的发展。嘉庆帝时期，针对先帝时期遗留下来的各省亏空问题，他提出加强对各地财政的监督，放归部分裁量权到州县。针对白莲教起义的问题，王杰敏锐地分析出沉重的赋役与连年苛政是叛乱的根源所在。他提议中央应当免去部分特别是反叛地区的地方钱粮，更改招兵的政策，收归民兵等。王杰还指出清兵中存在统帅有名无实及军队阵亡人数存在虚报等实质问题，通过进谏实行募兵制的五大好处鼓励实行该制度，王杰的一些时政提议受到了嘉庆帝的嘉奖和采纳，并收到实效，由于谋划有功，王杰受到嘉庆帝的封赏。

王杰出身贫寒，受乾隆亲提为状元，后任命于乾隆、嘉庆两帝，在朝四十年，勤政爱民、清正廉洁，受到统治阶层的信任。在王杰年老辞官还乡之际，嘉庆皇帝钦赐先帝御用手杖，赠其诗“道直一身立庙朝，清风两袖返韩城。”这首诗也反映了王杰清廉爱民的一生。王杰为官 40 余载，其高尚的品格和廉洁的作风值得当代党的领导干部学习，其反腐败斗争的历史经验对于当下廉政文化的开展、反腐倡廉工作的落实都具有现实指导意义。

纵观王杰一生，忠清劲直，勤政爱民。在朝为官 40 余年，清正廉洁，深受统治阶层的信任和百姓的爱戴。他用自己的一生深刻诠释了兢兢业业、为官清廉的榜样典范。

忠清劲直，为官清廉。王杰是清王朝统治集团中难得的廉洁之士，他刚正不阿的品性体现在与和珅的斗争中。当其他大臣对和珅阿谀奉承之时，他与和珅经常在朝堂之上能够争得面红耳赤。嘉庆帝即位后，公布了和珅的罪状，其他朝中大臣不敢审理，而王杰积极参与审理和珅案子，查明了和珅贪污受贿的罪证，在反对和珅的斗争中起到了重要作用。王杰忠清劲直、为官清廉的品质从人情的常态、人欲的弱点等各个方面值得当代党员干部推崇学习，在大是大非问题上做到有底线、守原则。正如习近平总书记在十三届全国人大一次会议重庆代表团审议时所说的："心不动于微利之诱，目不眩于五色之惑。"只有真正内化于心做到慎独慎处慎微慎欲，才能外化于行做到身净，更好地为民服务。

深入百姓，勤政爱民。范仲淹在《岳阳楼记》中写道："居庙堂之高则忧其民，处江湖之远则忧其君。"王杰深入百姓的事迹不仅体现在他居庙堂期间，即便在他免官期间，还是依然深入百姓，体恤民情。在白莲教起义期间，时值免官的王杰由于对百姓情况知根底，敏锐地分析出沉重的赋役与连年科派是叛乱的根源所在，从而从根源上提议中央应当免去部分地区的地方钱粮，减少百姓的负担，施以怀柔政策。中央在采纳他的建议后，有效地解决了叛乱问题，还地方太平，百姓的生活也得到了一定的改善。我们当代的党员干部，也应当深入基层、深入百姓，多听民意、解民忧。用马克思主义中国化的最新成果武装自己的头脑，不断学习习近平新时代系列讲话精神，提高执政为民的服务能力，着力解决人民群众反映的热点、焦点、难点问题，不做"拍脑袋"、脱离实际的事。主要体现在以下两个方面：一方面，勤政爱民需要有精度。要像王杰一样，深入百姓，发现"白莲教起义"是由地方吏治黑暗、官逼民反造成的。党员干部在实际的为民服务中也应当发现百姓的实际需求，而不能天马行空，把"自认为"当成"普遍情况"，这样的工作开展只能是既劳民又伤财，不仅与本职工作内容相违背，更是与"全心全意为人民服务"的宗旨相违背。另一方面，勤政爱民要有温度。要体会百姓的人情冷暖，在法律规章的框架内，根据百姓的实际需求，更好地解决百姓的焦急问题。这就要求党员干部把百姓放在心中最高的位置，做出最贴合民意的政策方案。

习近平总书记在《十八届中央政治局第十六次集体学习时的讲话》中提到："我们共产党人的忧患意识，就是忧党、忧国、忧民意识，这是一种责任，更是一种担当。"我们广大党员干部需要不断磨炼这种忧患意识，向王杰学习，忠清劲直，勤政爱民。这样才能不脱离群众，自我完善，为中国梦的建设抛洒青春热血。

48 民族英雄林则徐

林则徐（1785—1850），字元抚，又字少穆、石麟，晚号竢村老人、瓶泉居士等，福建侯官（今福建福州）人，清代政治家、思想家、诗人。曾任湖广总督、陕甘总督和云贵总督，因为主张严禁鸦片及抵抗西方列强的侵略，被称为“民族英雄”。

林则徐年幼家境贫苦，但是其父非常重视孩子的教育。四岁时，父亲便教他读书习字。七岁时，已经能够熟练各种文体，为了避免林则徐因为家境贫寒而无法适龄入学，林则徐的父亲在教书时便将林则徐携入塾中，抱在膝上，一同听学。与传统的教学方式不同的是，林则徐父亲的教育态度既讲究又开明，更加注重品格修养和因材施教。林则徐八九岁时，就在学堂上写出了“海到无涯天作岸，山登绝顶我为峰”的诗句，震惊四座。十二岁时，经过层层选拔，当选孔庙佾生，为祭祀乐舞的人员。在林则徐入读鳌峰书院期间，通过父亲结识陈寿祺。陈寿祺的经世匡时思想对林则徐有潜移默化作用。在经历一次科考名落孙山后，二十六岁的林则徐赴京参加会考，殿试高居第二甲第四名，从此踏上仕途。

睁眼看世界。西方资本主义列强入侵后，林则徐最先睁眼看世界，看到了闭关锁国的闭塞。林则徐在与西方资本主义斗争的实践中意识到西方已经在技术上领先我们，而国人对闭关外世界无知，他从政治、军事、经济、文化等各个方面分析西方列强，认识到了向西方国家学习的必要性，通过学习来加强防御，抵抗侵略。“师夷长技以制夷”的思想油然而生，他建议制炮造船，翻译外国著作，编写《四洲志》等。林则徐是中国近代传播西方文化，促进西学东渐的带头人。

水利之功。林则徐除了民族英雄这一身份外，他还是一位出色的治水专家，在他的仕途生涯里，举办水利事业惠及运河、黄河、长江。林则徐的“重民思想”集中反映在其兴办水利工程时深入实际，事必躬亲，重视赈灾济贫。林则徐的著作《北直水利书》也涵盖治水的方式方法，后被冯桂芬改编为《畿辅水利议》。

林则徐在任东河河道总督期间，不断学习治水方面的知识，验催河工，保持质量，对偷奸耍滑之官员加以整治，同时下令检验河堤料垛。林则徐忠厚细谨的性格，令不作为、乱作为的官员无的放矢，在面临汛期时均能使其辖区安然无恙。可惜的是，对于黄河改道的提议一直到其逝世才得以实现。

虎门销烟。林则徐在任两湖总督期间，西方资本主义国家在本国大肆倾销鸦片，是国民之不幸，“若犹泄泄视之，是使数十年后，中原几无可以御敌之兵，且无可以充饷之银”。道光皇帝任命林则徐为钦差大臣，赴粤地整治鸦片。广州禁烟期间，英国殖民者不但不愿意放弃鸦片市场的价值，还蓄意发动战争侵略中国。林则徐在广州主持禁烟抗英军事斗争共十九个月，总计销毁鸦片数百万公斤。虎门销烟，是抗击外来侵略的胜利，也向世界展示了中华民族反抗外来侵略的决心。这不仅鼓舞了我国广大人民，还得到了外国人的钦佩。林则徐领导的虎门销烟是我国近代史上反帝斗争中的光辉一页，是中国人民反侵略斗争史上第一个伟大胜利，严厉地打击了外国鸦片贩子，维护了中华民族的尊严和利益，增长了中国人民的志气。

除了以上所述外，林则徐的一生，在军事领域、法学发展领域等各个方面都具有突出成就。其编译的《国际法》适应了当时时代的需求，标志着我国近代国际法学史的开启。林则徐也顺理成章地成为中国近代引进国际法第一人。

崇墉先生曾这样概括林则徐的人格和作风："文忠一生任事而不牟利，尽瘁而不热衷，临难而不退避，受屈而不怨尤。"林则徐于道光三十年（1850）与世长辞，死后清廷照总督例赐恤，谥文忠。世称林文忠公。

"贫贱不能移，富贵不能淫，威武不能屈"的人格精神和"壁立千仞，无欲则刚"的道德准则是林则徐一生的真实写照。他廉洁奉公、勤政爱民，是我们当代党员学习的好榜样。

苟利国家生死以。林则徐清政府任职期间，无论是对国家还是对人民都有极其强烈的情感，林则徐不论身处何时，只要是对国家发展有利的，都不会因为个人的安危而放弃。林则徐虎门销烟，被世人称为"民族英雄"，但清政府迫于英国的军事压力及投降派的诬陷，将林则徐流放到新疆伊犁。尽管林则徐已经被革职，但他还是心系国家，时刻关注中英战局，上书国家建设新式大炮抗敌。在流放新疆途中，林则徐作了七律《赴戍登程口占示家人》，其中"苟利国家生死以，岂因祸福避趋之"表达了面对不公的对待所表现出的豁达，以及对国家情怀的升华，表现了林则徐刚正不阿、忠贞不渝的高尚情操。这对于我们当代党员干部具有积极的现实指导意义。我们当代党员干部也一定要感受时代的召唤，呼应时代的需求，以民族大义为己任，向民族英雄林则徐学习，不管身处何地，要时刻心中惦念着国家，关注社会的需求，投身到为祖国做贡献、为民族谋复兴的时代重任中去。

关心百姓疾苦。对百姓爱得深沉是林则徐廉政思想的重要组成部分。这源自林则徐在政治实践中深刻了解了百姓疾苦。多年的仕途生涯中，林则徐一直严于律己，关心百姓的生活，对于"竭小民衣食之贤，供官吏奴隶之困"等鱼肉百姓的不良现象他严厉抨击，告诫地方官员应了解关心百姓的生活情况。林则徐还身体力行走访到百姓生活聚集地，对于负责管辖的百姓生活状况和地方官员的廉洁奉公情况都清晰了解，及时弹劾罢免不作为、乱作为的地方"父母官"。江苏发生特大水灾，林则徐昼夜听到风雨的摇摆和灾民呼喊，难以入眠，遂破格上奏皇帝，顶住压力，解决问题，使百姓脱离疾苦。除此之外，林则徐还为百姓修建水利工程等，以便百姓远离自然灾害，提升粮食产量。林则徐常常亲自组织救灾团队，举办"抗灾办赈"的活动。同时，林则徐为百姓保护耕地及耕牛等，使百姓恢复生产，走向正常生活。他常告诫地方官员，"必须事事体察民情""知民情向背而顺导之所安"，为了更好地了解百姓的生活情况，林则徐经常着便装走访百姓，根据百姓的需求做出正确的解决方案。林则徐的体察民情的方式对于我们当下党员干部也具有现实指导意义。我们党员干部应当办实事，深入基层、深入群众，用双脚丈量基层的每一寸土地，在田间地头、在车间工位、在百姓的炕头帮民忧、解民惑。

虎门销烟振人心。西方资本主义妄图通过鸦片迷惑中国人民，残害中国群众，使中华民族走向落后。林则徐领导的虎门销烟，沉重地打击了外国侵略者的嚣张气焰，一定程度上遏制了鸦片在中国的泛滥，同时也唤起了中国人民的爱国意识。从林则徐身上，我们新时代党员能学到克己奉公的品质。兢兢业业做好本职工作，将身边的小事做好，积少成多，国家的发展才能筑牢根基，民族的进步才有源源不断的新鲜血液。

林则徐做的众多的历史功绩不胜枚举，如虎门销烟、治水工程、关爱百姓、实干精神、开眼看世界等。林则徐身上流淌着忠贞报国、廉正勤勉、为民担当、开放包容等中华优秀传统文化基因，是我们当代党员干部应该传承、弘扬的中华优秀传统文化，有利于促进国家的发展和社会的进步。“海纳百川，有容乃大；壁立千仞，无欲则刚”，这不仅是林则徐所要传达的崇高的思想境界，更是流淌在新时代党员干部内心，为中国梦的建设提供绵延不绝的精神动力。

后　记

本书以优秀的古代传统廉政文化为根基，选取古代廉政人物的思想、政绩、事迹等，将篇幅划分为“先贤明君篇”“清风廉吏篇”“忠义爱国篇”“勤政爱民篇”4篇，每篇挑选12位典型人物，采用人物故事+插图+启示的形式呈现，推崇弘扬廉政为本、崇德向善、遵规守纪、修身齐家的廉洁思想，深入挖掘中国古代廉政文化的现代价值，并赋予其新的内涵和时代精神，推动社会主义廉政文化建设，促进廉政建设持续发展。

本书由高庆国、朱玲萍策划、定稿，朱玲萍、陈国强、王鹏统稿。编者的主要分工是：朱玲萍、朱尧华撰写第一篇，陈国强、丁雯雯撰写第二篇，吕霞、刘兆路撰写第三篇，李永卉、周思翰撰写第四篇。

本书的出版得到了江苏大学纪委、法学院的大力支持，得到了刘同君教授、吴晓峰教授的指导。本书也汇聚了广大研究者的劳动成果，众多研究成果给我们以启发，也为我们提供了素材。江苏大学出版社的编辑也花费了较多的精力与心思。在此，一并表示衷心的感谢。由于编著者水平有限，书中难免存在不当之处，恳请广大读者批评、指正。